AF313379

ORDONNANCE DU ROI,

CONCERNANT

LES RÉGIMENS PROVINCIAUX.

Du 1.er Décembre 1774.

A PARIS,

DE L'IMPRIMERIE ROYALE.

M. DCCLXXV.

1. Decembre 1774.

TABLE DES TITRES

Contenus dans la présente Ordonnance.

ORDONNANCE

1.er Décembre 1774.

ORDONNANCE
DU ROI,

Concernant les Régimens Provinciaux.

Du 1.er Décembre 1774.

DE PAR LE ROI.

SA MAJESTÉ s'étant fait repréſenter l'Ordonnance du 19 Octobre 1773, concernant les régimens Provinciaux, & ayant jugé que les circonſtances exigent qu'il y ſoit fait des changemens, l'intention de Sa Majeſté étant auſſi de régler définitivement, de la manière la plus avantageuſe à ſon ſervice & la moins onéreuſe à ſes Peuples, la levée & la formation deſdits régimens, Elle a ordonné & ordonne ce qui ſuit :

A

TITRE Ier

Compofition.

ARTICLE PREMIER.

POUR régler la répartition des hommes que chaque province devra fournir pour la compofition des régimens Provinciaux, eu égard à la population defdites provinces, Sa Majefté veut qu'à l'avenir les bataillons qui devront compofer lefdits régimens Provinciaux foient diftribués ainfi qu'il fera expliqué ci-après.

2.

L'INTENTION de Sa Majefté eft que le nombre des bataillons qui feront levés dans les provinces de fon royaume, foient portés à l'avenir à cent cinq, au lieu de cent quatre, relativement à la population des généralités qui les fourniront ; lefquels cent cinq bataillons formeront quarante-huit régimens : Dix de ces régimens feront compofés de trois bataillons chacun, Trente-fept de deux bataillons, & Un d'un bataillon feulement, comme il fera réglé par l'article fuivant.

3.

LA généralité d'AMIENS fournira à l'avenir deux mille huit cents quarante hommes, au lieu de deux mille cent trente, pour former deux régimens de deux bataillons chacun, fur le pied de fept cents dix hommes par bataillon. Ces deux régimens feront le régiment de Péronne & le régiment d'Abbeville ; le régiment de *Péronne* fera le premier régiment Provincial, & le régiment d'*Abbeville* fera le fecond.

La province de CHAMPAGNE ne fournira par la fuite pour le régiment de Châlons, que quatorze cents vingt hommes, au lieu de deux mille cent trente, & il ne fera plus compofé que de deux bataillons ; le troifième bataillon devant être fupprimé.

Le régiment de *Châlons* fera le troifième régiment Provincial.

Il continuera d'être fourni par la Champagne, quatorze cents vingt hommes pour les deux bataillons qui formeront le régiment de *Troyes*, lequel fera le quatrième régiment Provincial.

1. Decembre 1774.

3

La généralité de ROUEN ne fournira plus que quatorze cents vingt hommes, au lieu de deux mille cent trente, pour le régiment de Rouen, qui ne sera plus composé que de deux bataillons; le troisième bataillon devant être supprimé.

Le régiment de *Rouen* sera le cinquième régiment Provincial.

Il continuera d'être fourni par la généralité de Rouen, quatorze cents vingt hommes pour les deux bataillons du régiment de *Pont-Audemer*, lequel sera le sixième régiment.

La généralité de CAEN fournira deux mille cent trente hommes pour les trois bataillons qui formeront le septième régiment, lequel portera le nom de *Caen*.

La généralité d'ALENÇON ne fournira plus que deux mille cent trente hommes, au lieu de deux mille huit cents quarante, pour les trois bataillons qui formeront le huitième régiment, lequel portera le nom d'*Alençon*.

La généralité de MOULINS fournira quatorze cents vingt hommes pour les deux bataillons qui formeront le neuvième régiment, lequel portera le nom de *Moulins*.

La généralité de CLERMONT fournira quatorze cents vingt hommes pour les deux bataillons qui formeront le dixième régiment, lequel portera le nom de *Clermont*.

La FLANDRE & le HAINAUT fourniront quatorze cents vingt hommes pour les deux bataillons qui formeront le onzième régiment, lequel portera le nom de *Lille*.

La généralité de MONTAUBAN fournira à l'avenir deux mille huit cents quarante hommes, au lieu de deux mille cent trente, pour former deux régimens de deux bataillons chacun. Ces deux régimens seront le régiment de Montauban & le régiment de Rhodès.

Le régiment de *Montauban* sera le douzième régiment, & le régiment de *Rhodès* sera le treizième.

Les généralités d'AUCH & de BAYONNE fourniront deux mille cent trente hommes pour les trois bataillons qui formeront le quatorzième régiment, lequel portera le nom d'*Auch*.

La généralité de BORDEAUX fournira quatorze cents vingt hommes pour les deux bataillons dont sera composé le quinzième régiment, lequel portera le nom de *Bordeaux*.

Ladite généralité de Bordeaux fournira quatorze cents vingt hommes pour les deux bataillons qui formeront le seizième régiment, lequel portera le nom de *Marmande*.

Ladite généralité de Bordeaux fournira également quatorze cents vingt hommes pour les deux bataillons qui formeront le dix-septième régiment, lequel portera le nom de *Périgueux*.

La généralité de POITIERS fournira deux mille cent trente hommes pour les trois bataillons qui formeront le dix-huitième régiment, lequel portera le nom de *Poitiers*.

La généralité de LYON fournira quatorze cents vingt hommes pour les deux bataillons qui formeront le dix-neuvième régiment, lequel portera le nom de *Lyon*.

La généralité de LA ROCHELLE fournira sept cents dix hommes pour le bataillon qui formera le vingtième régiment, lequel portera le nom de *la Rochelle*.

La généralité de TOURS fournira deux mille cent trente hommes pour les trois bataillons qui formeront le vingt-unième régiment, lequel portera le nom de *Tours*.

Ladite généralité de Tours fournira également deux mille cent trente hommes, au lieu de quatorze cents vingt, pour les trois bataillons dont sera composé à l'avenir le vingt-deuxième régiment, lequel portera le nom du *Mans*.

Le DAUPHINÉ fournira quatorze cents vingt hommes pour les deux bataillons dont sera composé le vingt-troisième régiment, lequel portera le nom de *Valence*.

La ville de PARIS fournira quatorze cents vingt hommes, au lieu de sept cents dix, pour le bataillon de Paris actuellement existant, & pour le second bataillon dont ladite ville sera augmentée ; Sa Majesté se réservant de faire connoître ses intentions sur la levée dudit bataillon par une Ordonnance particulière. Ces deux bataillons formeront le vingt-quatrième régiment, qui portera le nom de *Paris*.

La généralité de PARIS fournira deux mille cent trente hommes, au lieu de quatorze cents vingt, pour les trois bataillons dont sera composé à l'avenir le vingt-cinquième régiment, lequel portera le nom de *Senlis*.

Ladite généralité de Paris fournira quatorze cents vingt hommes pour les deux bataillons qui formeront le vingt-sixième régiment, lequel portera le nom de *Mantes*.

Ladite généralité de Paris fournira également quatorze cents vingt hommes pour les deux bataillons qui formeront le vingt-septième régiment, lequel portera le nom de *Sens*.

La généralité de SOISSONS fournira deux mille cent trente hommes

pour

5

pour les trois bataillons qui formeront le vingt-huitième régiment, lequel portera le nom de *Soiſſons*.

La généralité de L I M O G E S fournira quatorze cents vingt hommes pour les deux bataillons qui formeront le vingt-neuvième régiment, lequel portera le nom de *Limoges*.

La généralité d'O R L É A N S fournira quatorze cents vingt hommes pour les deux bataillons qui formeront le trentième régiment, lequel portera le nom de *Blois*.

Ladite généralité d'O R L É A N S fournira également quatorze cents vingt hommes pour les deux bataillons qui formeront le trente-unième régiment, lequel portera le nom de *Montargis*.

La B R E T A G N E fournira quatorze cents vingt hommes pour les deux bataillons qui formeront le trente-deuxième régiment, lequel portera le nom de *Rennes*.

La Bretagne fournira quatorze cents vingt hommes pour les deux bataillons qui formeront le trente-troiſième régiment, lequel portera le nom de *Nantes*.

La Bretagne fournira également quatorze cents vingt hommes pour les deux bataillons qui formeront le trente-quatrième régiment, lequel portera le nom de *Vannes*.

La L O R R A I N E fournira quatorze cents vingt hommes pour les deux bataillons qui formeront le trente-cinquième régiment, lequel portera le nom de *Nanci*.

La Lorraine fournira également quatorze cents vingt hommes pour les deux bataillons qui formeront le trente-ſixième régiment, lequel portera le nom de *Bar-le-Duc*.

Le P A Y S M E S S I N fournira quatorze cents vingt hommes pour les deux bataillons qui formeront le trente-ſeptième régiment, lequel portera le nom de *Verdun*.

L'A R T O I S fournira quatorze cents vingt hommes pour les deux bataillons qui formeront le trente-huitième régiment, lequel portera le nom d'*Arras*.

La généralité de B O U R G E S fournira quatorze cents vingt hommes pour les deux bataillons qui formeront le trente-neuvième régiment, lequel portera le nom de *Châteauroux*.

L'A L S A C E fournira quatorze cents vingt hommes pour les deux bataillons qui formeront le quarantième régiment, lequel portera le nom de *Colmar*.

Le D U C H É D E B O U R G O G N E fournira quatorze cents vingt

B

hommes pour les deux bataillons qui formeront le quarante-unième régiment, lequel portera le nom de *Dijon.*

Le duché de Bourgogne fournira également quatorze cents vingt hommes, au lieu de deux mille cent trente, pour le régiment d'Autun, lequel ne sera plus composé que de deux bataillons; le troisième bataillon devant être supprimé.

Le régiment d'*Autun* sera le quarante-deuxième régiment.

Le L A N G U E D O C fournira deux mille cent trente hommes pour les trois bataillons qui formeront le quarante-troisième régiment, lequel portera le nom de *Montpellier.*

Le Languedoc fournira quatorze cents vingt hommes pour les deux bataillons qui formeront le quarante-quatrième régiment, lequel portera le nom d'*Alby.*

Le Languedoc fournira également quatorze cents vingt hommes pour les deux bataillons qui formeront le quarante-cinquième régiment, lequel portera le nom d'*Anduse.*

Le C O M T É D E B O U R G O G N E fournira deux mille cent trente hommes pour les trois bataillons qui formeront le quarante-sixième régiment, lequel portera le nom de *Salins.*

Le comté de Bourgogne fournira quatorze cents vingt hommes pour les deux bataillons dont sera composé le quarante-septième régiment, lequel portera le nom de *Véfoul.*

Enfin la P R O V E N C E fournira quatorze cents vingt hommes pour les deux bataillons d'Aix, qui formeront le quarante-huitième régiment, lequel portera le nom d'*Aix.*

L'intention de Sa Majesté est que les augmentations ou diminutions qui sont réglées par le présent article, dans différentes provinces, soient réparties dans chacune desdites provinces, de façon que les villes, bourgs & villages qui en dépendent, participent également & en proportion de leur population, à la diminution ou à l'augmentation ci-dessus ordonnée; voulant aussi Sa Majesté que les régimens de la même généralité, soient formés par les bataillons les plus rapprochés les uns des autres.

La totalité des hommes désignés ci-dessus pour chaque généralité, ne sera cependant levée que conformément à l'article I.er du titre IV de la présente Ordonnance.

7

4.

LESDITS régimens Provinciaux marcheront entr'eux, ainſi qu'ils ſont dénommés dans l'article précédent, & avant les régimens d'Infanterie créés depuis le 25 février 1726, époque de l'établiſſement des Milices.

Le régiment provincial de Corſe ſubſiſtera tel qu'il a été établi par l'Ordonnance du 23 août 1772, que Sa Majeſté a rendue à cet égard.

5.

CHACUN des bataillons de ces quarante-huit régimens, ſera compoſé de huit compagnies, dont une de Grenadiers-royaux, une de Grenadiers-provinciaux, & ſix de Fuſiliers.

6.

CHAQUE compagnie de Grenadiers-royaux & de Grenadiers-provinciaux, ſera commandée par un Capitaine, un Lieutenant & un ſecond Lieutenant; & compoſée d'un Fourrier, deux Sergens, quatre Caporaux, quatre Appointés, quarante Grenadiers & un Tambour, faiſant cinquante-deux hommes.

7.

CHAQUE compagnie de Fuſiliers ſera commandée par un Capitaine & un Lieutenant; & compoſée d'un Fourrier, trois Sergens, ſix Caporaux, ſix Appointés, trente-ſix Fuſiliers & un Tambour, faiſant cinquante-trois hommes.

8.

LA formation des eſcouades dans les compagnies des régimens de Grenadiers-royaux & des régimens Provinciaux, devant être la même que celle des régimens d'Infanterie; l'intention de Sa Majeſté eſt que leſdits régimens de Grenadiers-royaux & régimens Provinciaux ſe conforment exactement à ce qu'Elle jugera à propos de régler à cet égard pour ſon Infanterie.

9.

L'ÉTAT-MAJOR de chacun des quarante-huit régimens

Provinciaux fera compofé d'un Colonel, un Lieutenant-colonel, un Major, d'autant d'Aides-major qu'il y aura de bataillons à chaque régiment, & de deux Enfeignes auffi par bataillon.

1 0.

LES cent cinq compagnies de Grenadiers-royaux defdits régimens, formeront douze régimens de Grenadiers-royaux.

L'État-major de chacun de ces régimens fera compofé d'un Colonel, un Lieutenant-colonel, un Major & un Aide-major : ces régimens n'auront point de drapeaux ; il y fera établi, pendant la guerre feulement, un Aumônier & un Chirurgien.

1 1.

LESDITS régimens de Grenadiers-royaux feront compofés des compagnies de Grenadiers-royaux ci-après.

Les trois compagnies du régiment d'Auch, les deux de celui de Bordeaux, les deux de celui de Marmande & les deux de celui de Périgueux, formant neuf compagnies, compoferont le premier régiment qui portera le nom de *Grenadiers-royaux de la Guyenne.*

Les trois compagnies du régiment de Poitiers, les deux de celui de Montauban, les deux de celui de Rhodès & celle du régiment de la Rochelle, formant huit compagnies, compoferont le fecond régiment, qui portera le nom de régiment de *Grenadiers-royaux du Poitou.*

Les trois compagnies du régiment de Tours, les trois de celui du Mans & les deux de celui de Limoges, formant huit compagnies, compoferont le troifième régiment, qui portera le nom de régiment de *Grenadiers-royaux de la Touraine.*

Les deux compagnies du régiment de Valence, les deux de celui de Clermont, les deux de celui de Lyon & les deux de celui de Moulins, formant huit compagnies, compoferont le quatrième régiment, qui portera le nom de *Grenadiers-royaux du Dauphiné.*

Les trois compagnies du régiment de Senlis, les deux de celui de Mantes, les deux de celui de Sens & les deux de celui de Paris, formant neuf compagnies, compoferont le cinquième régiment, qui portera le nom de *Grenadiers-royaux de l'Ifle-de-France.*

Les deux compagnies du régiment de Châlons, les deux de celui de Troyes, les trois de celui de Soiffons & les deux de celui de Pont-Audemer, formant neuf compagnies, compoferont le fixième régiment, qui portera le nom de *Grenadiers-royaux du Soiffonnois.*

Les

9

Les deux compagnies du régiment de Blois, les deux de celui de Montargis, les deux de celui de Châteauroux & les trois de celui d'Alençon, formant neuf compagnies, compoferont le feptième régiment, qui portera le nom de *Grenadiers-royaux de l'Orléanois*.

Les deux compagnies du régiment de Rennes, les deux de celui de Nantes, les deux de celui de Vannes & les trois du régiment de Caen, formant neuf compagnies, compoferont le huitième régiment, qui portera le nom de *Grenadiers-royaux de la Bretagne*.

Les deux compagnies du régiment de Colmar, les deux de celui de Nanci, les deux de celui de Bar-le-Duc & les deux de celui de Verdun, formant huit compagnies, compoferont le neuvième régiment, qui portera le nom de *Grenadiers-royaux de la Lorraine*.

Les deux compagnies du régiment de Lille, les deux de celui de Péronne, les deux de celui d'Abbeville, les deux de celui d'Arras & les deux de celui de Rouen, formant dix compagnies, compoferont le dixième régiment, qui portera le nom de *Grenadiers - royaux de l'Artois*.

Les trois compagnies du régiment de Montpellier, les deux de celui d'Alby, les deux de celui d'Andufe & les deux de celui d'Aix, formant neuf compagnies, compoferont le onzième régiment, qui portera le nom de *Grenadiers-royaux du Languedoc*.

Les trois compagnies du régiment de Salins, les deux de celui de Véfoul, les deux de celui de Dijon & les deux de celui d'Autun, formant neuf compagnies, compoferont le douzième régiment, qui portera le nom de *Grenadiers-royaux du comté de Bourgogne*.

1 2.

LESDITS régimens de Grenadiers-royaux, précèderont tous les régimens Provinciaux, ainfi que tous les autres régimens créés depuis le 25 février 1726; & le rang des Officiers entr'eux, tant des régimens de Grenadiers-royaux, que des régimens Provinciaux, fera réglé par la date de leurs commiffions, lettres ou brevets, dans quelques Corps qu'ils aient fervi; mais ceux qui auront une interruption volontaire de plus d'un an dans leur fervice, prendront rang feulement du jour qu'ils entreront dans lefdits régimens.

1 3.

LES bataillons d'un même régiment, feront défignés par premier, fecond & troifième bataillon, ainfi qu'ils le font dans les autres troupes d'Infanterie.

C

TITRE II.

Habillement, Équipement & Armement.

ARTICLE PREMIER.

L'HABIT des Officiers & Soldats des régimens de Grenadiers-royaux & des régimens Provinciaux, fera, ainfi qu'il a été réglé précédemment, de drap blanc, & aura des revers blancs. Le collet & les paremens feront bleus, poche ordinaire avec quatre boutons, les deux du milieu plus rapprochés ; fix boutons aux revers, de deux en deux ; quatre au-deffous de même, & quatre fur le parement, auffi de deux en deux. Les boutons des régimens Provinciaux feront timbrés de deux numéros, le premier du rang qui eft réglé auxdits régimens dans l'Infanterie, & le fecond plus petit fur le même bouton, du rang qu'ils ont entr'eux, conformément au titre premier de la préfente Ordonnance. Le chapeau fera bordé d'argent pour les Fourriers & Sergens, & de fil blanc pour les Caporaux, Appointés, Soldats & Tambours.

2.

LES boutons des Officiers & des Grenadiers des régimens de Grenadiers-royaux, feront également blancs, timbrés d'une grenade au milieu, gaudronnés de cinq fleurs-de-lys, à diftances égales, & d'une chaînette intermédiaire. Ils feront auffi timbrés de deux numéros, l'un du rang qui leur eft réglé dans l'Infanterie, & l'autre du rang que lefdits régimens de Grenadiers-royaux ont entr'eux, conformément au titre premier de la préfente Ordonnance.

3.

LES Officiers de Grenadiers & les Grenadiers auront une épaulette diftinctive ; favoir, ceux du régiment de Grenadiers-royaux de la Guyenne, une épaulette de couleur bleue ; ceux du Poitou, de couleur rouge-garence ; ceux de la Touraine, de couleur rouge & verte ; ceux du Dauphiné, de couleur

11

violette; ceux de l'Isle-de-France, de couleur aurore; ceux
du Soiffonnois, de couleur bleue & blanche; ceux de l'Orléanois, de couleur verte; ceux de la Bretagne, de couleur
noire; ceux de la Lorraine, de couleur rouge & blanche;
ceux de l'Artois, de couleur jaune & blanche; ceux du Languedoc, de couleur rouge & noire; & ceux du comté de
Bourgogne, de couleur verte & blanche.

4.

LESDITS régimens de Grenadiers-royaux & régimens Provinciaux fe conformeront exactement, pour les marques dif-
tinctives attribuées aux différens grades, à ce que Sa Majefté
a réglé précédemment pour les troupes d'Infanterie.

5.

IL fera fourni par les paroiffes, à chaque Soldat-provincial
de nouvelle levée, un chapeau, une vefte, une paire de
fouliers, une paire de guêtres, deux chemifes de toile, un
havrefac, un col noir & un ruban pour les cheveux; le tout,
autant qu'il fe pourra, d'étoffes ou de marchandifes du pays,
mais exactement conformes, tant pour la qualité, que pour
la façon, aux modèles qui feront adreffés aux Intendans par
le Secrétaire d'État ayant le département de la guerre; l'intention de Sa Majefté étant qu'il lui foit rendu compte des
repréfentations que feroient à cet égard les Infpecteurs, pour
faire remplacer fur le champ, aux frais de qui il appartiendra,
celles defdites fournitures qui ne fe trouveroient pas conformes
aux modèles envoyés. Lefdites fournitures feront remifes
dans les magafins, après chaque affemblée, & feront entre-
tenues & renouvelées aux frais defdites paroiffes, en vertu des
ordres qui en feront donnés par les Intendans.

Voulant auffi Sa Majefté qu'il foit payé par lefdites paroiffes
huit livres en argent, dont cinq livres appliquées aux frais des
Commiffaires employés à la levée; & les trois livres reftantes
pour chaque Soldat de nouvelle levée, feront remifes au
Major, pour en former une Maffe, lequel tiendra à cet effet
un état de recette & de dépenfe, qui fera figné & certifié
par le Commandant du régiment & par le Major, & vifé par

le Commiſſaire des guerres, pour ledit état être préſenté à l'Inſpecteur lors de la revue, ainſi que les fournitures du petit équipement, & en rendre compte au Secrétaire d'État ayant le département de la guerre.

6.

LES effets qui ſe trouveront manquer à chaque compagnie, feront remplacés aux frais des trois Chefs de l'État-major, qui, par les fonctions qui leur font confiées, font tenus de veiller à la conſervation deſdits effets & à la remiſe exacte qui en doit être faite au magaſin. Les Commiſſaires des guerres en formeront un état, qu'ils adreſſeront au Secrétaire d'État ayant le département de la guerre, afin qu'il ſoit procédé au remplacement des parties qui manqueront.

Les vêtemens dont les Soldats feront pourvus lors de leur arrivée, devant être réſervés, comme il eſt expliqué par l'article 3 du titre VII, leur feront remis à la ſéparation deſdits régimens, après qu'ils auront dépoſé au magaſin les effets appartenans à Sa Majeſté.

7.

SA MAJESTÉ donnera des ordres pour faire fournir auxdits régimens de Grenadiers - royaux & régimens Provinciaux, l'équipement & l'armement convenables; ſon intention étant qu'il ſoit fourni des ſabres aux compagnies de Grenadiers-royaux & Provinciaux.

TITRE III.

Appointemens, Solde & tout autre Traitement.

ARTICLE PREMIER.

L'INTENTION de Sa Majeſté eſt que les appointemens & ſolde des régimens de Grenadiers-royaux & des régimens Provinciaux leur ſoient payés, pendant le temps qu'ils feront employés, ſur le pied,

SAVOIR:

SAVOIR:

COMPAGNIES DE GRENADIERS-ROYAUX.	EN GARNISON.			EN CAMPAGNE.		
	Par jour.	Par mois.	Par an.	Par jour.	Par mois.	Par an.
Le Capitaine, quatre livres par jour en garnison; & cinq livres onze sous un denier un tiers en campagne, ci.............	4ˡ ″ˢ ″ᵈ	120ˡ ″ˢ ″ᵈ	1440ˡ	5ˡ 11ˢ 1ᵈ⅓	166ˡ 13ˢ 4ᵈ	2000ˡ
Le Lieutenant, une livre seize sous par jour en garnison; & deux livres dix sous en campagne, ci.	1. 16. ″	54. ″ ″	648.	2. 10. ″	75. ″ ″	900.
Le second Lieutenant, une liv. six sous huit deniers par jour en garnison; & une livre treize sous quatre deniers en campagne, ci..	1. 6. 8	40. ″ ″	480.	1. 13. 4	50. ″ ″	600.
Le Fourrier, treize sous quatre deniers par jour en garnison, & treize sous huit den. en campagne, ci..................	″ 13. 4	20. ″ ″	240.	″ 13. 8	20. 10. ″	246.
Chaque Sergent, douze sous quatre den. par jour en garnison; & douze sous huit deniers en campagne, ci.............	″ 12. 4	18. 10. ″	222.	″ 12. 8	19. ″ ″	228.
Chaque Caporal, huit sous huit deniers par jour en garnison; & neuf sous en campagne, ci....	″ 8. 8	13. ″ ″	156.	″ 9. ″	13. 10. ″	162.
Chaque Appointé, sept sous huit deniers par jour en garnison; & huit sous en campagne, ci...	″ 7. 8	11. 10. ″	138.	″ 8. ″	12. ″ ″	144.
Chaque Grenadier-royal, six sous huit deniers par jour en garnison; & sept sous en campagne, ci..................	″ 6. 8	10. ″ ″	120.	″ 7. ″	10. 10. ″	126.
Le Tambour, huit sous huit deniers par jour en garnison; & neuf sous en campagne, ci.....	″ 8. 8	13. ″ ″	156.	″ 9. ″	13. 10. ″	162.
COMPAGNIES DE GRENADIERS-PROVINCIAUX.						
Le Capitaine, trois livres dix sous par jour en garnison; & quatre livres trois sous quatre deniers en campagne, ci.............	3. 10. ″	105 ″ ″	1260.	4. 3. 4.	125. ″ ″	1500.
Le Lieutenant, une livre dix sous par jour en garnison; & une livre treize sous quatre deniers en campagne, ci.............	1. 10. ″	45. ″ ″	540.	1. 13. 4	50. ″ ″	600.
Le second Lieutenant, une livre six sous huit deniers par jour en						

D

Description	EN GARNISON			EN CAMPAGNE		
	Par jour.	Par mois.	Par an.	Par jour.	Par mois.	Par an.
garnison ; & une livre dix sous en campagne, ci............	1ˡ 6ˢ 8ᵈ	40ˡ //ˢ //ᵈ	480ˡ	1ˡ 10ˢ //ᵈ	45ˡ //ˢ //ᵈ	540ˡ
Le Fourrier, douze sous quatre deniers par jour en garnison ; & douze sous huit deniers en campagne, ci................	// 12. 4	18. 10. //	222.	// 12. 8	19. // //	228.
Chaque Sergent, onze sous quatre deniers par jour en garnison ; & onze sous huit deniers en campagne, ci...........	// 11. 4	17. // //	204.	// 11. 8	17. 10. //	210.
Chaque Caporal, sept sous huit deniers par jour en garnison ; & huit sous en campagne, ci....	// 7. 8	11. 10. //	138.	// 8. //	12. // //	144.
Chaque Appointé, six sous huit deniers par jour en garnison; & sept sous en campagne, ci...	// 6. 8	10. // //	120.	// 7. //	10. 10. //	126.
Chaque Grenadier-provincial, cinq sous huit deniers par jour en garnison ; & six sous en campagne, ci.................	// 5. 8	8. 10. //	102.	// 6. //	9. // //	108.
Le Tambour, sept sous huit deniers par jour en garnison ; & huit sous en campagne, ci....	// 7. 8	11. 10. //	138.	// 8. //	12. // //	144.

COMPAGNIES DE FUSILIERS.

Description	EN GARNISON			EN CAMPAGNE		
	Par jour.	Par mois.	Par an.	Par jour.	Par mois.	Par an.
Le Capitaine, trois livres cinq sous par jour en garnison ; & trois livres six sous huit deniers en campagne, ci..............	3. 5. //	97. 10.	1170.	3. 6. 8	100. // //	1200.
Le Lieutenant, une livre cinq sous par jour en garnison ; & une livre dix sous en campagne, ci..	1. 5. //	37. 10. //	450.	1. 10. //	45. // //	540.
Le Fourrier, douze sous quatre deniers par jour en garnison ; & douze sous huit deniers en campagne, ci................	// 12. 4	18. 10. //	222.	// 12. 8	19. // //	228.
Chaque Sergent, onze sous quatre deniers par jour en garnison ; & onze sous huit deniers en campagne, ci...........	// 11. 4	17. // //	204.	// 11. 8	17. 10. //	210.
Chaque Caporal, sept sous huit deniers par jour en garnison ; & huit sous en campagne, ci....	// 7. 8	11. 10. //	138.	// 8. //	12. // //	144.
Chaque Appointé, six sous huit deniers par jour en garnison; & sept sous en campagne, ci...	// 6. 8	10. // //	120.	// 7. //	10. 10. //	126.
Chaque Fusilier, cinq sous huit						

15

	EN GARNISON.			EN CAMPAGNE.		
	Par jour.	Par mois.	Par an.	Par jour.	Par mois.	Par an.
deniers par jour en garnison; & six sous en campagne, ci.....	n^l 5^f 8^d	81^l 0^f n^d	102^l	n^l 6^f n^d	9^l n^f n^d	108^l
Le Tambour, sept sous huit deniers par jour en garnison; & huit sous en campagne, ci.....	n 7. 8	11. 10. n	138.	n 8. n	12. n n	144.
ÉTAT-MAJOR DES RÉGIMENS DE GRENADIERS-ROYAUX.						
Le Colonel de chaque régiment de Grenadiers-royaux, huit livres six sous huit deniers par jour en garnison; & seize livres treize sous quatre deniers en campagne, ci	8. 6.8	250. n n	3000.	16. 13. 4	500. n n	6000.
Le Lieutenant-colonel, six livres dix-huit sous dix deniers deux tiers par jour en garnison; & treize livres dix-sept sous neuf deniers un tiers en campagne, ci..	6. 18.10$\frac{2}{3}$	208. 6. 8	2500.	13. 17. 9$\frac{1}{3}$	416. 13. 4	5000.
Le Major, cinq livres onze sous un denier un tiers par jour en garnison; & onze livres deux sous deux deniers deux tiers en campagne, ci...............	5. 11^f 1$\frac{1}{3}$	166^l 13^f 4^d	2000.	11. 2. 2$\frac{2}{3}$	333. 6. 8	4000^l
L'Aide-major, trois livres par jour en garnison; & quatre livres trois sous quatre deniers en campagne, ci...............	3. n n	90. n n	1080.	4. 3. 4	125. n n	1500.
L'Aumônier qui sera attaché à chaque régiment en campagne, aura une livre sept sous neuf den. un tiers par jour, ci........	....	....	....	1. 7. 9$\frac{1}{3}$	41. 13. 4	500.
Le Chirurgien qui sera employé pour le même temps, une livre sept sous neuf deniers un tiers par jour, ci........	....	....	....	1. 7. 9$\frac{1}{3}$	41. 13. 4	500.
ÉTAT-MAJOR DES RÉGIMENS PROVINCIAUX.						
Le Colonel de chaque régiment provincial, cinq livres onze sous un denier un tiers par jour en garnison; & onze livres deux sous deux deniers deux tiers en campagne, ci...............	5. 11. 1$\frac{1}{3}$	166. 13. 4	2000.	11. 2. 2$\frac{2}{3}$	333. 6. 8	4000.
Le Lieutenant-colonel, six liv. treize sous quatre deniers par jour						

	EN GARNISON.			EN CAMPAGNE.		
	Par jour.	Par mois.	Par an.	Par jour.	Par mois.	Par an.
en garnison; & dix livres en campagne, ci.................	6ˡ 13ˢ 4ᵈ	200ˡ ''ˢ ''	2400ˡ	10ˡ ''ˢ ''ᵈ	300ˡ ''ˢ ''ᵈ	3600ˡ
Le Major, cinq livres par jour en garnison; & six livres treize sous quatre deniers en campagne, ci...................	5. '' ''	150. '' ''	1800.	6. 13. 4	200. '' ''	2400.
Chaque Aide-major, deux liv. dix sous par jour en garnison; & trois livres six sous huit deniers en campagne, ci.............	2. 10. ''	75. '' ''	900.	3. 6. 8	100. '' ''	1200.
Chaque Enseigne, une livre par jour en garnison; & une livre cinq sous en campagne, ci....	1. '' ''	30. '' ''	360.	1. 5. ''	37. 10. ''	450.

2.

LESDITS régimens seront payés des appointemens & solde ci-dessus réglés, pendant le temps de leur assemblée: Voulant au surplus Sa Majesté, que la paye de campagne ne soit donnée qu'à ceux desdits régimens qui serviront en campagne, à commencer du jour de leur arrivée à l'armée; & que ceux qui demeureront en garnison pendant la guerre, ne touchent que la paye réglée en garnison.

3.

ENTEND Sa Majesté qu'au moyen de la paye ci-dessus réglée pour les Tambours, tant des compagnies de Grenadiers que de celles de Fusiliers, ils soient tenus d'entretenir leurs caisses de peaux & de cordages, & de se fournir de baguettes.

4.

LES Capitaines supporteront sur leurs appointemens, la totalité de la retenue des quatre deniers pour livre de la solde des Sergens, Grenadiers & Soldats de leur compagnie, & il ne sera fait aucune déduction pour raison de ladite retenue, sur la solde réglée aux Fourriers, Sergens, Caporaux, Appointés, Grenadiers, Fusiliers & Tambours des régimens Provinciaux: Enjoint Sa Majesté aux Colonels, Lieutenans-colonels & Majors, de veiller à ce qu'il ne soit fait aucun tort auxdits Soldats, & d'informer le Secrétaire d'État ayant

le

1. Decembre 1774

17

le département de la guerre, de ce qui pourroit arriver en cela de contraire aux intentions de Sa Majefté, pour y être pourvu.

5.

Les Officiers qui compofent l'État-major des régimens de Grenadiers-royaux & des régimens Provinciaux, à la réferve cependant des Enfeignes, feront payés toute l'année des appointemens qui leur font fixés en garnifon.

6.

Entend Sa Majefté que tous les Officiers defdits régimens, reçoivent, indépendamment de leurs appointemens pendant le temps de l'affemblée, quinze jours defdits appointemens, pour les dédommager des frais de voyage pour fe rendre au quartier d'affemblée, & quinze autres jours après ladite affemblée, pour leur donner les moyens de fe retirer chez eux.

7.

Veut auffi Sa Majefté que, pendant le temps que lefdits régimens refteront dans les provinces, il foit payé un mois d'appointemens aux Capitaines, Lieutenans & feconds Lieutenans des compagnies de Grenadiers-royaux & provinciaux, de même qu'aux Capitaines feulement des compagnies de Fufiliers, & que le décompte leur en foit fait, ainfi que des traitemens réglés ci-deffus, pendant le temps de l'affemblée.

8.

L'intention de Sa Majefté eft que le traitement qu'Elle a accordé précédemment aux Fourriers ou Sergens des régimens Provinciaux, qui ont monté à l'emploi d'Officier, continue d'avoir lieu pendant le temps de la féparation des régimens, & qu'ils en foient payés fur les ordres des Intendans, à raifon de quinze fous par jour, pour ceux defdits Fourriers ou Sergens qui font Lieutenans ; & de vingt fous auffi par jour pour ceux qui, par la diftinction de leurs fervices, ont été pourvus de compagnies, ou ont obtenu la commiffion de Capitaine.

E

9.

Les Fourriers, Sergens, Caporaux, Appointés, Grenadiers & Tambours des compagnies de Grenadiers-royaux, & les Fourriers & Sergens des compagnies de Grenadiers-provinciaux & de Fufiliers, auront par jour, pendant le temps que les bataillons feront difperfés dans les provinces, favoir; les Fourriers & Sergens de Grenadiers-royaux, trois fous; les Caporaux, Appointés & Grenadiers, un fou; & les Tambours, dix-huit deniers : Et les Fourriers & Sergens des compagnies de Grenadiers-provinciaux & Sergens de Fufiliers, deux fous, que Sa Majefté veut bien leur accorder, autant qu'il ne furviendra point de plaintes contr'eux dans les paroiffes où ils feront; & le décompte leur en fera fait tous les fix mois; bien entendu que ce décompte fera fait en déduifant le temps de l'affemblée pendant lequel lefdits bas Officiers, Grenadiers & Tambours font payés en totalité de leur folde.

I O.

Veut Sa Majefté que, fur la folde réglée à chaque Fourrier, Sergent, Caporal, Appointé, Grenadier-royal, Grenadier-provincial, Fufilier & Tambour, il en foit affecté feize deniers par chaque Fourrier & Sergent, & huit deniers par chaque Caporal, Appointé, Grenadier, Fufilier & Tambour, pour s'entretenir de linge & chauffure, dont le décompte doit être fait, tant pendant l'affemblée des régimens des Grenadiers-royaux & des régimens Provinciaux, que pendant les routes qu'ils auroient à faire lorfque Sa Majefté jugera à propos de les faire rendre dans les Places ou autres lieux qui leur auront été affignés : Voulant Sa Majefté que ledit décompte, ainfi que les trois livres deftinées à chaque Soldat, foit réfervé pendant les affemblées annuelles defdits régimens, pour fubvenir aux befoins defdits bas Officiers, Grenadiers, Fufiliers & Tambours; & que lorfqu'Elle jugera à propos de faire rendre lefdits régimens en garnifon, ledit décompte leur foit fait tous les quatre mois; après toutefois avoir confervé à ladite Maffe du linge & chauffure une fomme

19

de quinze livres par homme, pour subvenir aux besoins imprévus, ainsi qu'il est ordonné dans l'Infanterie; lesdites quinze livres devant leur être données lorsqu'ils obtiendront leur congé absolu.

I I.

SA MAJESTÉ voulant bien, lorsqu'Elle jugera à propos de faire marcher les régimens Provinciaux sur des routes qu'Elle fera expédier, faire donner deux voitures *gratis* par bataillon, conformément aux dispositions de l'Ordonnance du 1.er juillet 1768, portant règlement sur les voitures qui doivent être fournies aux Troupes pendant leurs marches; Elle entend qu'il ne soit laissé aucun Soldat aux hôpitaux de la route, que dans des cas absolument indispensables; alors les Majors leur remettront des certificats de convalescens, qui leur auront été envoyés, au dos desquels devra être transcrite la route que tiendra le régiment, pour que lesdits Soldats restés en route puissent recevoir l'étape qui leur sera réservée; Sa Majesté rendant lesdits Majors responsables de l'exécution des dispositions contenues dans le présent article : Voulant Sa Majesté que lesdits Majors prennent des certificats des Directeurs des hôpitaux, pour justifier des hommes qui y seront entrés, & que lesdits Directeurs informent le Secrétaire d'État ayant le département de la guerre, des jours que les Soldats seront sortis desdits hôpitaux.

TITRE IV.

De la Levée.

ARTICLE PREMIER.

SA MAJESTÉ a bien voulu régler qu'il ne seroit à l'avenir levé, chaque année, que le sixième des hommes nécessaires pour porter chaque bataillon au complet, sur le pied de sept cents dix hommes; mais son intention est que le *déficit* qui pourroit arriver audit fixième, par mort, défertion ou des infirmités, qui mettroit quelques-uns des Soldats hors d'état de continuer leurs fervices, foit remplacé d'une année à l'autre, & que ledit fixième foit toujours exactement complet.

2.

DANS les généralités où Sa Majefté a jugé à propos de diminuer le nombre des bataillons, fon intention eft que les hommes de la levée de 1769, qui exiftent dans lefdits bataillons fupprimés, & qui devront être congédiés à l'affemblée prochaine, obtiennent leurs congés abfolus, en vertu de la préfente Ordonnance, fans être tenus de fe rendre à ladite affemblée.

3.

IL fera procédé, dans le courant de Février & Mars prochains, par les Intendans des provinces, à la levée du fixième des hommes dont chaque bataillon devra être compofé, comme il eft expliqué ci-deffus; & la répartition defdits hommes fera faite par lefdits Intendans, fur les villes & villages dépendans des provinces & généralités, eu égard au nombre d'hommes en état de fervir qu'elles contiendront; & il fera tiré au fort dans toutes les villes, bourgs & villages, fans exception, entre tous les garçons ou hommes veufs fans enfans, demeurans actuellement dans les paroiffes defdites villes, bourgs & villages, de l'âge de dix-huit ans & au-deffus jufqu'à quarante, de la taille de cinq pieds au moins fans chauffure, & de force convenable à fervir.

Sa Majefté n'entend pas cependant comprendre pour le tirage, les lieux fujets à la Garde-côte, ni les habitans des îles de Ré & d'Oleron.

4.

AUCUNS Mendians, Vagabonds ou gens fans aveu, ne pourront être admis dans lefdits régimens Provinciaux, défendant Sa Majefté d'en recevoir fous quelque prétexte que ce puiffe être.

5. AUSSITÔT

1. Décembre 1774.

21

5.

AUSSITÔT après la publication de la préfente Ordonnance, les Intendans en feront imprimer des extraits en placard, & les feront paffer à tous les Maires & Syndics des paroiffes de leur département, avec leurs mandemens pour l'exécution des difpofitions qu'elle contient.

6.

ORDONNE Sa Majefté à tous les garçons & hommes veufs fans enfans, de comparoître devant les Intendans ou Commiffaires chargés de la levée, le jour qui aura été indiqué pour tirer, à peine contre les pères, mères ou maîtres qui retiendront lefdits garçons ou hommes, de foixante livres d'amende; & contre lefdits garçons ou hommes fujets à tirer, d'être déclarés Soldats, & contraints à fervir l'efpace de dix ans, conformément à l'article 2 du titre IX de la préfente Ordonnance.

7.

LE Maire ou Syndic de chaque paroiffe, fera tenu de conduire au lieu & au jour indiqués pour la levée, tous les garçons ou hommes veufs fans enfans.

8.

IL fera procédé enfuite à la vérification de ceux defdits garçons ou hommes qui devront jouir de l'exemption, conformément au titre V de la préfente Ordonnance; de ceux qui, par leur taille, ne fe trouveront pas propres au fervice, & enfin à la vifite de ceux qui, par des infirmités, fe trouveront ne devoir point être admis à tirer au fort.

Tous les garçons ou hommes qui fe trouveront dans les cas expliqués ci-deffus, feront fur le champ renvoyés dans leurs paroiffes, & il fera fait mention fur les états des Sub-délégués, à l'article defdits garçons ou hommes, des motifs qui ont déterminé à ne les point admettre au tirage.

9.

CEUX qui fe trouveront attaqués d'infirmités, feront

F

tenus de les déclarer au Subdélégué avant de tirer au sort, afin qu'il les fasse visiter sur le champ par un Chirurgien-expert, qui en donnera un certificat détaillé dont il sera fait lecture en présence de l'assemblée; & les frais de visite seront payés par les communautés.

Si incontinent après l'opération du tirage, le Soldat auquel le sort sera échu, se présente pour demander sa décharge, sous prétexte de quelque infirmité, il sera mis en prison & payera cinquante livres d'amende à celui auquel le sort écherra pour le remplacer, & les frais de visite seront prélevés sur cette amende.

Tous ceux qui prétendront avoir des raisons valables pour être dispensés de tirer au sort, seront obligés de les faire connoître avant que l'on procède au tirage; autrement ils seront assujettis à tirer avec ceux qui n'en sont pas exempts.

1 O.

SA MAJESTÉ voulant que la manière de tirer au sort soit uniforme, ordonne que, dès que les opérations prescrites par l'article précédent, seront terminées, le Subdélégué ou Commissaire chargé de la levée, dresse un état nominatif de tous les garçons & hommes veufs sujets à tirer au sort, & qu'il fasse ensuite autant de billets, lesquels seront tous de même papier & de même grandeur; qu'il prenne sur le nombre desdits billets, autant de billets qu'il sera demandé de Soldats-provinciaux pour une ou pour plusieurs paroisses réunies; qu'il écrive sur ces derniers billets, *Soldat-provincial*, & les roule ensuite de manière qu'il n'y ait aucune différence sensible avec ceux qui ne seront point écrits, lesquels seront également roulés; & que les uns & les autres soient mis & mêlés dans un chapeau, qui sera tenu à hauteur de la tête de ceux qui tireront. Alors chaque garçon ou homme veuf sans enfans, se présentera suivant le rang où il se trouvera inscrit sur l'état; il étendra la main, prendra un billet dans le chapeau, & le remettra au Subdélégué ou Commissaire chargé de la levée, pour être ouvert publiquement, & faire

1.ᵉ Decembre 1774.

23

connoître à toute l'assemblée s'il est blanc oû écrit. Si ce billet est blanc, le Subdélégué marquera à la marge de l'état, vis-à-vis le nom de celui qui l'aura tiré, *blanc;* s'il est écrit, ledit Subdélégué, marquera également vis - à - vis le nom de celui qui l'aura tiré, *Soldat - provincial.* Et lorsque le dernier des billets écrits sera tiré, le Subdélégué ou Commissaire chargé de la levée ouvrira, en présence de tout le monde, tous les billets qui resteront dans le chapeau, afin qu'il soit notoire qu'il n'y a point d'autres billets écrits, & que le tirage a été bien fait.

Il en sera usé de même jusqu'à ce que le nombre fixé des Soldats-provinciaux soit complet; l'intention de Sa Majesté étant que, s'il survient quelques contestations, elles soient décidées sur le champ par l'Intendant ou ses Subdélégués.

I I.

S1 un garçon sujet au sort, ne pouvoit se présenter lors du tirage, pour des causes qui seront reconnues légitimes, Sa Majesté veut bien permettre qu'un autre garçon puisse le remplacer pour tirer en sa place.

I 2.

L E tirage ainsi achevé, tous les garçons ou hommes veufs sans enfans, qui auront tiré des billets blancs, seront renvoyés dans leurs paroisses, & les Soldats - provinciaux seront signalés par le Subdélégué ou Commissaire chargé de la levée; après quoi il remettra à chacun desdits Soldats un certificat conforme au modèle *(N.° 1)*, annexé à la présente Ordonnance, lequel certificat devra être signé du Subdélégué ou Commissaire chargé de procéder à l'opération de la levée.

I 3.

L O R S Q U E ces différentes opérations seront terminées, l'intention de Sa Majesté est que le Subdélégué ou Commissaire chargé de la levée, en dresse un procès-verbal, conformément au modèle *(N.° 2)*, dans lequel il rapportera les nom, surnom

& signalement de chaque Soldat - provincial, & qu'il signe ledit procès - verbal.

I 4.

IL devra être fait trois expéditions dudit procès-verbal, lesquelles seront toutes également signées, comme il est expliqué ci-dessus; deux desdites expéditions seront envoyées à l'Intendant, qui en adressera une au Secrétaire d'État ayant le département de la guerre, & la troisième restera entre les mains du Subdélégué.

I 5.

SA MAJESTÉ défend aux Ecclésiastiques, Gentilshommes, Communautés séculières ou régulières de l'un & de l'autre sexe, & généralement à tous ses Officiers & Sujets, de donner retraite à aucun garçon sujet à tirer au sort, avant que la levée ait été exécutée, & à aucun de ceux qui auront été désignés Soldats-provinciaux; & ce à peine de cinq cents livres d'amende pour chaque contravention, lesquelles amendes ne pourront être remises ni modérées en faveur de qui que ce soit, & sous quelque prétexte que ce puisse être.

Voulant de plus Sa Majesté, que, si quelque Officier retiré ou actuellement au service, ou autres qui seront présens au tirage, en troubloient l'opération en engageant les garçons ou hommes veufs sans enfans, compris dans les états de ceux qui sont assujettis à tirer au sort, l'Intendant en informe le Secrétaire d'État ayant le département de la guerre, qui prendra les ordres de Sa Majesté sur la punition qu'Elle jugera à propos d'ordonner.

Veut aussi Sa Majesté que les préposés aux recrues des Troupes, qui se présenteront pour enrôler les garçons le jour qu'on se disposera à tirer au sort, soient arrêtés sur le champ, & que les Officiers de Maréchaussée mettent en prison lesdits Enrôleurs; l'intention de Sa Majesté étant qu'on ne puisse faire aucun enrôlement que le lendemain du tirage.

I 6. SA

1. Decembre 1774.

25

1 6.

SA MAJESTÉ ordonne aux Officiers de Maréchauffée, fur l'avis qui leur fera donné par les Intendans ou par leurs Subdélégués, des jours fixés pour tirer au fort, de fe rendre avec leurs brigades dans les endroits qui leur feront indiqués, ou d'y faire trouver les bas Officiers & Cavaliers néceffaires pour maintenir la tranquillité pendant & après l'opération.

1 7.

VEUT Sa Majefté que, lorfque les garçons feront affemblés pour tirer au fort, s'il arrive quelque tumulte qui s'oppofe à l'exécution exacte de l'opération, le Commiffaire chargé de la levée renvoie les garçons dans leurs paroiffes, & qu'il en dreffe un procès-verbal qu'il fera figner par les Maire, Échevins & Syndics qui auront été appelés à ladite opération; l'intention de Sa Majefté étant qu'il foit fait mention dans ledit procès-verbal de tous ceux qui auront occafionné le tumulte, lefquels feront arrêtés, mis en prifon, & déclarés Soldats-provinciaux de droit, en quelque nombre qu'ils puiffent être, d'après l'examen qui fera fait du procès-verbal par l'Intendant.

1 8.

SI, lors de la publication de l'ordre envoyé pour tirer au fort, quelque garçon fe prétendoit engagé dans les Troupes, il fera tenu, pour éviter les abus des engagemens fimulés, de rapporter un certificat de l'Officier qui aura reçu fon engagement au Syndic ou autre Officier en charge de la Communauté, lequel le remettra au Subdélégué ou Commiffaire chargé de la levée, pour être par lui envoyé à l'Intendant, & par ce dernier au Secrétaire d'État ayant le département de la guerre, qui en fera faire la vérification; l'intention de Sa Majefté étant que l'Officier qui auroit donné de faux certificats d'engagement, foit mis en prifon & caffé : Et cependant ledit Soldat fera contraint de joindre fans délai fon régiment, & ne pourra reparoître par la fuite dans la province, même avec un congé, qu'il ne juftifie à

G

l'Intendant, par un certificat du Commiffaire des guerres, contenant fon fignalement, qu'il aura joint le Corps & paffé en revue devant lui: faute de quoi il fera arrêté & mis en prifon pour fix mois, & condamné à fervir dans le régiment Provincial de la généralité pendant dix ans. Il fubira la même peine, fi, en vertu du congé qui lui aura été délivré, après avoir d'abord joint le régiment, il refte plus de fix mois dans la province, & qu'il ne retourne pas au Corps.

19.

SA MAJESTÉ voulant bien régler qu'aucun Soldat ne pourra être retenu dans les régimens Provinciaux au-delà du terme de fix ans fixé pour fon fervice, & ordonnant que les congés abfolus foient exactement expédiés aux Soldats-provinciaux qui auront fini ledit temps de fix années de fervice, Elle entend qu'abfolument tous les garçons ou hommes veufs fans enfans qui fe trouveront dans le cas d'être admis à tirer au fort, foient domiciliés, & qu'ils aient toutes les qualités prefcrites pour être reçus dans lefdits régimens Provinciaux; déclarant Sa Majefté que ceux qui ne fe trouveront pas propres au fervice, ou qui viendront à manquer dans ledit cours de fix années par défertion, feront remplacés par la paroiffe qui les aura fournis, indépendamment du nombre d'hommes réglé pour la levée fur ladite paroiffe.

TITRE V.

Des Exemptions.

ARTICLE PREMIER.

L'INTENTION de Sa Majefté étant que les priviléges & exemptions dont doivent jouir fes Sujets, relativement à la levée des Soldats-provinciaux, foient fixés d'une manière pofitive, Elle a jugé à propos d'expliquer les différens cas auxquels ces priviléges & exemptions devront être appliqués;

1. Decembre 1774.

27

Sa Majeſté défendant d'en accorder dans d'autres circonſtances que celles expliquées par les articles ſuivans; & d'admettre, *pour les en diſpenſer*, aucune aſſimilation, comparaiſon
ou interprétation qui ne ſeront pas exactement conformes à
ce qui ſera expliqué ci-après, ou qu'Elle jugera à propos
de régler par la ſuite, ſur le compte particulier qui lui en
ſera rendu.

2.

TOUT garçon ou homme veuf ſans enfans, né & domicilié dans le royaume, à la réſerve des Eccléſiaſtiques,
des Nobles & de ceux qui ſeront déſignés dans les articles
ſuivans, ſera ſujet au ſervice des régimens Provinciaux.

3.

LES hommes mariés, quoiqu'ils n'aient point d'enfans;
quelle que ſoit l'époque de leur mariage, pourvu qu'ils juſ-
tifient de la célébration antérieure au moment du tirage,
ſeront exempts. Mais les hommes veufs ſans enfans depuis
deux ans, ne ſeront point exempts.

4.

LES Deſſervans des égliſes, tonſurés au moins trois mois
avant la publication de la préſente Ordonnance, & dans les
années ſuivantes trois mois avant la publication de l'Ordonnance qui ſera rendue pour la levée qui doit ſe faire chaque
année, ſeront exempts.

5.

LES fils des Officiers des Troupes de Sa Majeſté, retirés
avec la commiſſion de Capitaine, ſeront exempts.

6.

LES Officiers, les Gardes des Maréchaux de France;
ceux des Gouverneurs & Lieutenans généraux des provinces,
ſeront exempts, dans l'étendue deſdites provinces, ſuivant
l'état ſigné deſdits Maréchaux de France, Gouverneurs ou
Lieutenans généraux, qui ſera remis aux Intendans.

7.

LES Commensaux de la Maison de Sa Majesté & de celle des Princes & Princesses du Sang, seront exempts.

8.

LES Officiers des Présidiaux, Bailliages, Sénéchaussées royales & ceux des Élections, seront exempts, eux & leurs enfans.

9.

LES Juges des autres Justices royales & les Procureurs & Avocats de Sa Majesté, seront exempts, eux & leurs enfans.

1 0.

LES Greffiers des Justices royales, les Avocats, les Procureurs postulans dans lesdites Justices, les Huissiers qui y sont reçus, & les Notaires royaux, seront exempts.

1 1.

LES Maîtres-clercs des Avocats, Procureurs, Notaires & Greffiers des Sénéchaussées & Bailliages royaux, étant dans l'état de Clerc depuis trois ans, seront exempts, pourvu que lesdits Avocats, Procureurs, Notaires & Greffiers soient dans l'usage d'en avoir.

1 2.

LES Juges, Avocats & Procureurs fiscaux des Pairies, & le premier Officier gradué des Justices seigneuriales, seront exempts.

1 3.

LES Maires, Échevins, Procureurs & Avocats de Sa Majesté, & le principal Greffier de l'Hôtel-de-ville, seront exempts.

1 4.

LES fils des pourvus d'office de Justice & de Finance, dont la finance pour les premiers sera de douze mille livres, & de vingt mille livres pour les derniers, seront exempts.

1 5.

LES Employés des fermes, reçus dans les Tribunaux

&

1. Decembre 1774.

29

& ayant ferment en Juftice, feront exempts. Les fils des Directeurs des Fermes, & ceux des autres Employés, payant dix mille livres de cautionnement, feront pareillement exempts.

16.

LE Collecteur de taille ou de fel, chargé des deniers, & les prépofés à la levée des Vingtièmes, feront exempts pendant le temps de leur recouvrement.

17.

LES Subdélégués & leurs enfans, les Commis employés dans les bureaux des Intendans, feront exempts.

Les Commis employés dans les bureaux des Tréforiers des Troupes, Officiers de finance, ou Employés aux fermes, travaillant depuis deux ans, feront pareillement exempts.

18.

LES Gardes-magafins des effets du Roi, feront exempts.

19.

SERONT pareillement exempts, tous les Employés dans les ponts & chauffées.

20.

LES Commis à la diftribution de l'étape, feront exempts.

21.

LES Monnoyeurs, Ajufteurs, pourvus de commiffions ou de provifions en forme, travaillant actuellement dans les hôtels des Monnoies, feront exempts, ainfi que les Changeurs.

22.

LES Directeurs des poftes aux lettres, leur principal Commis, ou Facteurs, feront exempts.

23.

LES Poftillons des poftes, faifant le fervice depuis deux ans, à raifon d'un par fix chevaux, feront exempts.

24.

LES principaux Employés dans les fermes des meffageries, Courriers de malle, & les Conducteurs ordinaires des voi-tures publiques, feront perfonnellement exempts.

H

2 5.

LES Salpêtriers en titre & un de leurs principaux Ouvriers travaillant depuis trois ans dans leurs ateliers, ce qui devra être justifié par un certificat du Directeur général des poudres, seront exempts.

2 6.

SERONT pareillement exempts, les Gardes-haras ayant inspection sur les étalons, ainsi que les Gardes-étalons & celui qui panse le cheval ; bien entendu que lesdits Gardes aient un étalon approuvé.

27.

LES Élèves de l'École royale Vétérinaire, brévetés, seront exempts.

2 8.

LES hommes classés & les Ouvriers employés au service de la Marine, tels que les Charpentiers de navire, Calfats, Voiliers & Poullieurs, seront exempts.

2 9.

L'INTENTION de Sa Majesté est que les exemptions en faveur d'une profession, ne puissent être accordées qu'à ceux qui en rempliront les fonctions.

3 0.

LES Médecins & Chirurgiens étant en titre, & exerçant publiquement leur profession, seront exempts, & leur fils aîné demeurant avec son père & s'occupant de la même profession.

3 1.

DANS les villes où il y a communauté de Chirurgiens, & établissement de Lieutenant du Premier Chirurgien de Sa Majesté, deux Élèves Maîtres-ès-arts, & ayant fréquenté trois ans les écoles de Chirurgie, seront exempts, s'ils n'exercent point la barberie & ne font aucun commerce.

3 2.

LES Maîtres d'école ayant trente ans accomplis, étant

31

d'ancien établiffement & approuvé par l'Évêque diocéfain ;
avec certificat de l'Intendant de la province, feront exempts.

33.

SI, dans une paroiffe qui devra fournir plus d'un Soldat,
il fe trouve deux ou trois frères demeurans chez leur père,
& que l'un d'eux tombe au fort, les autres feront exempts de
tirer, pendant le fervice de celui auquel le fort fera échu : s'ils
font quatre frères, & que deux tombent au fort, ils feront
obligés de fervir ; les frères demeurans dans différentes paroiffes, tireront au fort, chacun dans celle qu'il habitera.

34.

LE Fermier principal d'une Commanderie de l'Ordre
de Malte, demeurant dans l'enceinte du chef-lieu de la
Commanderie, un de fes enfans & fon principal valet,
pourvu qu'ils ne faffent aucun commerce étranger à leur
exploitation, feront exempts.

35.

LES Soldats, Cavaliers ou Dragons qui auront rempli,
dans les Troupes, deux engagemens de fuite, & y auront
fervi l'efpace de feize ans, feront exempts.

36.

LES Gardes-chaffe & Gardes-bois des Seigneurs haut-
jufticiers, feront difpenfés de tirer, aux conditions ci-après :

1.° Qu'ils auront l'âge de vingt ans, qu'ils auront prêté
ferment & auront été reçus en Juftice, & qu'ils fauront
écrire.

2.° Qu'ils ne feront point de commerce, métier ou exploitation, & qu'ils fe renfermeront uniquement dans leurs
fonctions de Gardes.

3.° Qu'ils feront domiciliés dans la paroiffe des Seigneurs
dont ils font Gardes.

4.° Que les Seigneurs n'auront pas un plus grand nombre
de Gardes qu'ils n'avoient coutume d'en avoir avant la publication de la préfente Ordonnance.

37.

LES Domestiques & Valets à gages des Ecclésiastiques, des Communautés, des Maisons religieuses, des Gentilshommes, des Nobles, des personnes revêtues des charges qui confèrent les privilèges de la Noblesse, seront exempts, pourvu qu'ils n'excèdent pas le nombre ordinaire des Valets que les Maîtres avoient trois mois avant la publication de la présente Ordonnance, qu'ils demeurent chez leurs Maîtres, & qu'ils ne fassent autre chose que leur service personnel.

38.

TOUT chef de famille qui aura élevé & reçu chez lui, au moins depuis dix ans, un enfant-trouvé, à la décharge des hôpitaux, pourra, dès que ledit enfant-trouvé aura l'âge & les qualités prescrites, le présenter au tirage, au lieu & place de l'un de ses fils, frères ou neveux, à son choix; & si ledit chef de famille a chez lui plusieurs enfans-trouvés dans le même cas, il pourra jouir d'autant d'exemptions, qu'il aura d'enfans-trouvés.

39.

A l'égard des exemptions qu'il convient d'accorder à l'agriculture, aux manufactures & au commerce, qui méritent des égards par leur objet, mais sur lesquelles les différentes formes de culture, de genre d'industrie & de branche de commerce de chaque généralité ne permettent pas de statuer, par une règle uniforme & détaillée qui puisse s'appliquer aux différentes circonstances, Sa Majesté se réserve de faire connoître ses intentions par des décisions particulières pour chaque généralité, relativement aux différences locales qui y existent.

40.

IMMÉDIATEMENT après la publication de la présente Ordonnance, les Intendans adresseront au Secrétaire d'État ayant le département de la guerre, leurs avis motivés sur les exemptions particulières qu'ils jugeront devoir être accordées

dans

1. *Décembre 1774.*

33

dans leurs départemens, & il leur fera paſſer les déciſions de Sa Majeſté par une inſtruction particulière ſur leſdites exemptions ; ſon intention étant que leſdits Intendans donnent toute leur attention à les reſtreindre à l'indiſpenſable néceſſité.

TITRE VI.
Des Subſtitutions.

ARTICLE PREMIER.

SA MAJESTÉ voulant bien avoir égard aux raiſons légitimes que quelques Soldats-provinciaux pourroient avoir pour ſe faire ſubſtituer, & ſon intention étant de ne les pas traiter moins favorablement que ceux de ſes Troupes réglées, Elle permet d'admettre cette ſubſtitution aux conditions qui ſeront expliquées dans les articles ſuivans.

2.

UN Soldat-provincial qui aura des raiſons valables de ſe faire ſubſtituer, pourra propoſer ſon frère pour le remplacer s'il a les qualités requiſes pour le ſervice.

3.

TOUT Soldat-provincial, ſoit avant de joindre ſon régiment, ſoit après qu'il aura été inſcrit ſur le contrôle, lequel aura des raiſons valables pour demander à ſe faire ſubſtituer, ſera tenu de s'adreſſer à l'Intendant, qui jugera de la validité de ſes raiſons.

4.

SI ledit Soldat n'a pas encore joint le régiment, & que l'Intendant juge ſes raiſons légitimes, ledit Intendant fera la ſubſtitution.

5.

TOUT homme qui ſe préſentera à l'Intendant pour être ſubſtitué à la place d'un autre à qui le ſort ſera échu, devra

I

être connu, domicilié dans la même Subdélégation que le subftituant, de la taille & tournure convenables pour être admis dans les régimens Provinciaux.

6.

VEUT Sa Majefté qu'il ne foit admis, pour être fubftitué à la place d'un Soldat-provincial avant qu'il ait joint le régiment, aucun Soldat, Cavalier, Dragon ou Soldat-provincial qui auroit obtenu fon congé abfolu, à moins que ledit congé ne foit expédié depuis trois ans en bonne & dûe forme. Défend Sa Majefté à tout homme de quelque état & qualité qu'il foit, fous peine d'être puni fuivant l'exigence des cas, de propofer à aucun Soldat, Cavalier, Dragon ou Soldat-provincial étant au fervice, foit préfent au Corps, foit abfent par congé, de s'enrôler par la fuite pour être fubftitué dans les régimens Provinciaux.

7.

SI le Soldat fubftitué par l'Intendant, venoit à manquer par quelque caufe que ce foit, excepté le cas de mort, celui auquel le fort étoit échu & pour lequel il aura été fubftitué, fera tenu de reprendre le fervice pour le continuer jufqu'au temps où il devra obtenir fon congé abfolu.

8.

TOUT Soldat-provincial, après avoir été fignalé & infcrit fur le contrôle du régiment, ne pourra être admis à fe faire fubftituer que par l'Infpecteur; bien entendu qu'il fera muni du certificat de l'Intendant qui aura reconnu la validité des motifs qui l'engagent à fe faire fubftituer.

9.

TOUS bas Officiers ou Soldats qui defireront continuer leurs fervices dans les régimens Provinciaux, & fe fubftituer à un autre, s'ils font en état de fervir encore, feront tenus de fe préfenter au Major de leur régiment, qui les infcrira, & en préfentera l'état à l'Infpecteur lors de fa revue.

10.

LE prix d'une fubftitution faite par l'Infpecteur, ne pourra

35

jamais excéder cent livres; ladite fomme de cent livres fera remife, par le Soldat qui fe fera fubftituer, à l'Officier-major chargé du détail; il l'infcrira fur un regiftre qu'il tiendra à cet effet, & il remettra cette même fomme au Soldat qui fera choifi par l'Infpecteur pour remplacer celui qui aura obtenu la permiffion de fe faire fubftituer. Si plufieurs Soldats-provinciaux font dans le cas d'obtenir ladite permiffion, celui qui aura le premier configné ladite fomme de cent livres, fera remplacé le premier, à l'effet de quoi l'Officier chargé du détail fera note du jour de la remife defdites fommes, fur le regiftre qu'il doit tenir, & ce regiftre fera vifé par le Commiffaire des guerres chargé de la police du régiment.

11.

Si un Soldat-provincial fe trouvoit, par quelque évènement imprévu & privilégié, dans le cas de demander à fe faire fubftituer, & qu'il ne pût être remplacé au Corps, à défaut d'ancien Soldat-provincial qui fût dans la difpofition de fe fubftituer, le Commiffaire départi en informera le Secrétaire d'État ayant le département de la guerre, qui lui adreffera les ordres du Roi à ce fujet.

12.

Veut Sa Majefté que le fervice de tout homme fubftitué foit de fix années, & ne commence, pour les fubftitutions admifes par les Intendans, que du jour où elles feront faites; & à l'égard des Soldats-provinciaux fubftitués par l'Infpecteur, leur fubftitution ne pourra avoir lieu que du jour qu'ils auront fini le terme de leur précédent fervice.

13.

Il fera expédié un congé abfolu au Soldat qui aura obtenu de l'Infpecteur, la permiffion de fe faire fubftituer par un autre, fuivant le modèle *(N.º 3)*, dans lequel il fera fait mention de la fomme qu'il aura remife pour fa fubftitution, & du nom de l'homme qui lui aura été fubftitué. Ledit congé fera figné par le Commandant du régiment Provincial & le Major, approuvé par l'Inspecteur, & visé du Commissaire des guerres qui aura la police dudit régiment.

TITRE VII.

De l'Assemblée des régimens Provinciaux.

ARTICLE PREMIER.

SA MAJESTÉ voulant, dans toutes les circonstances, soulager les campagnes & ne les priver de leurs cultivateurs que le moins de temps qu'il sera possible; son intention est que les régimens de Grenadiers - royaux ne soient pas encore assemblés particulièrement l'année prochaine, mais seulement les compagnies desdits régimens à la tête des régimens Provinciaux.

2.

L'ASSEMBLÉE des régimens Provinciaux, tels qu'ils sont formés par la présente Ordonnance, chaque bataillon ayant à sa tête sa compagnie de Grenadiers-royaux, aura lieu dans le courant du mois de Mai de l'année prochaine : Entend à cet effet Sa Majesté que les cent cinq bataillons dont lesdits régimens sont composés, indépendamment du régiment Provincial de l'île de Corse, soient assemblés dans les quartiers, & aux jours qui seront indiqués.

3.

SA MAJESTÉ donnera ses ordres pour qu'il se trouve à l'avance, au lieu d'assemblée, des Commissaires des guerres, pour y faire préparer les logemens & les subsistances nécessaires, y recevoir & faire loger lesdits Soldats-provinciaux à mesure qu'ils y arriveront, & faire délivrer à chacun d'eux l'habillement, l'équipement & l'armement qui sont dans les magasins, où ces effets seront remis par ordre & par état de compagnie le jour de la séparation desdits régimens, ainsi que leurs drapeaux & caisses des Tambours. Les vêtemens dont lesdits

Soldats

37

Soldats se seront trouvés pourvus lors de leur arrivée au quartier d'assemblée, seront réservés en paquets étiquetés du nom de chaque Soldat, pour lesdits effets leur être remis après qu'ils auront déposé au magasin ceux appartenans à Sa Majesté.

4.

SA MAJESTÉ fera rendre pareillement auxdits quartiers d'assemblée, les Officiers qu'Elle a choisis pour commander, & être employés dans lesdits régimens; les Colonels informeront les Officiers, du jour & du lieu de l'assemblée : Et comme les régimens de Grenadiers-royaux ne seront point assemblés l'année prochaine, l'intention de Sa Majesté est que les Officiers de l'État-major de ce Corps, se partagent entr'eux pour aller visiter les compagnies de Grenadiers de leur régiment, & qu'ils soient présens, tant au choix des hommes qu'il y aura à faire pour remplacer ceux qui auront manqué dans lesdites compagnies, qu'aux différens exercices qui seront ordonnés; mais son intention est qu'ils n'aient aucune espèce de commandement dans ces régimens pendant tout le temps de cette assemblée.

Veut aussi Sa Majesté que les Chefs desdits régimens, s'emploient, conjointement avec les Commissaires des guerres, à former chaque compagnie aussitôt l'arrivée des hommes; en observant de mettre de préférence dans la même compagnie, les nouveaux Soldats des paroisses qui se trouveront le plus à portée les unes des autres, à l'exception des compagnies de Grenadiers-royaux & de Grenadiers-provinciaux, qui doivent toujours être complétées de ce qui se trouvera de meilleur, sans avoir égard à l'arrondissement des communautés.

5.

SA MAJESTÉ ayant réglé par l'article 19 du titre IV de la présente Ordonnance, qu'aucun Soldat ne pourra être retenu dans les régimens au-delà du terme de son service; son intention est qu'il soit expédié des congés absolus à ceux qui

K

ayant été levés en 1769, ont fini les six années de leur service, lesquels congés feront expédiés au premier moment de l'assemblée, pour être délivrés immédiatement après ladite assemblée, conformément au modèle joint à la présente ordonnance; ces congés feront signés par le Colonel & le Major, approuvés par l'Inspecteur, & visés par le Commissaire des guerres: L'Intendant leur délivrera en même temps une ordonnance pour les faire jouir des exemptions & priviléges qui leur font accordés à la suite de leurs services.

6.

L'INTENTION de Sa Majesté étant que tous les Soldats des levées de 1769, se rendent à l'assemblée indiquée, ainsi que ceux de la nouvelle levée, les Intendans adresseront les mandemens qu'ils expédiéront pour les Soldats desdits tirages, aux Brigadiers de Maréchaussée, qui feront chargés de les remettre à chaque Soldat; & en son absence, aux Maires, Échevins, Consuls, Syndics ou Marguilliers qui en donneront leur reçu, & leur soumission d'avertir & de tenir la main à ce que ledit Soldat se trouve au quartier d'assemblée le jour qui fera prescrit. Bien entendu que ceux qui, après avoir déserté précédemment pour s'engager dans d'autres troupes, auront rejoint leurs régimens à l'assemblée de 1771, en conformité des ordres qu'ils en auront reçus, foient tenus de fervir deux ans au-delà de leur engagement, comme il est expliqué par l'article 25 de l'Ordonnance du 4 août 1771; de manière que ceux qui se trouveront dans ce cas-là, ne devant être congédiés qu'en 1775, ou les années suivantes, il leur fera donné des ordres pour se rendre au quartier d'assemblée.

7.

CHAQUE Soldat fera porteur du mandement qu'il aura reçu pour se rendre au quartier d'assemblée, & il le présentera à son arrivée au Commissaire des guerres, qui lui délivrera son billet de logement. Lesdits mandemens ne devant plus être adressés aux Maires ou Syndics, Sa Majesté renouvelle la défense qu'Elle leur a faite de s'employer à la conduite

39

des Soldats-provinciaux au quartier d'affemblée ; afin d'éviter les dépenfes confidérables qui en réfultoient pour les villes & communautés où cet ufage avoit lieu.

Il continuera d'être payé deux fous par lieue que chaque Soldat aura à faire, tant pour fe rendre au quartier d'affemblée que pour retourner chez lui. Voulant au furplus Sa Majefté que ceux qui réfideront dans le quartier d'affemblée, ou qui n'auront que quatre lieues pour s'y rendre, n'aient point part à la diftribution defdits deux fous par lieue.

8.

LES Soldats qui ont été levés en 1769, ainfi que les Grenadiers de France qui ont été incorporés dans les régimens Provinciaux, ferviront, conjointement avec ceux qui feront levés en 1775, à la formation defdits régimens.

9.

LES compagnies de Grenadiers-royaux & Provinciaux ne feront formées que d'hommes qui fe trouveront avoir les qualités néceffaires pour être admis dans lefdites compagnies; au défaut de quoi elles ne feront point complétées.

10.

SI quelques-uns des hommes levés par le fort, ou fubfti-tués, n'étoient pas jugés propres au fervice par l'Infpecteur, lors de fa revue, foit par défaut de taille, foit par défectuo-fité ou infirmités, ledit Infpecteur en fera dreffer un état qui fera fait double, & qu'il fignera; fur lefquels états, les motifs de la réforme de chaque homme feront expliqués. Il adreffera l'un defdits états au Secrétaire d'État ayant le département de la guerre, & l'autre fera remis au Commiffaire des guerres chargé de la police du régiment, pour être adreffé à l'Intendant, afin qu'il pourvoie au remplacement defdits hommes.

11.

L'INTENTION de Sa Majefté eft qu'il foit expédié des congés abfolus aux Grenadiers fortis du corps des Grenadiers de

France, qui auront achevé le temps de service dont ils étoient tenus dans les régimens Provinciaux. Voulant Sa Majesté que s'ils se rengagent dans ses troupes avant le terme de six mois, les services qu'ils auront rendus précédemment, soit dans le corps des Grenadiers de France, soit dans les régimens Provinciaux, leur soient comptés pour jouir des hautes-payes & des avantages accordés aux bas Officiers & Soldats de ses Troupes par l'Ordonnance du 16 avril 1771. Bien entendu que ceux desdits Grenadiers de France, qui se substitueront pour continuer leurs services dans les régimens Provinciaux, cesseront de recevoir les cinq sous par jour de solde qui leur ont été réglés pour le temps de service qu'ils devoient achever dans lesdits régimens Provinciaux.

1 2.

SA MAJESTÉ fera connoître ses intentions sur le nombre de jours qu'Elle jugera à propos d'assembler les régimens Provinciaux; après lesquels ils seront séparés, & les Grenadiers, Fusiliers & Tambours renvoyés chez eux.

1 3.

RIEN n'étant plus essentiel que l'exactitude des contrôles qui doivent être formés pour chaque régiment Provincial; Sa Majesté pour s'en assurer & mettre de l'uniformité dans ces contrôles, a jugé à propos de faire adresser à chaque Intendant, un regîstre qui sera fait triple pour chacun desdits régimens Provinciaux.

L'Intendant adressera deux desdits regîstres au Commissaire des guerres chargé de la police de chaque régiment, afin qu'il puisse les remplir de concert avec le Major, du nom des hommes qui composeront chaque compagnie, ayant attention d'y placer en tête les bas Officiers, & ensuite les Soldats; en observant pour ces derniers, l'ordre des différentes levées. Ces contrôles contiendront le signalement exact de chaque homme, son âge & le lieu de sa naissance; le nom de la paroisse pour laquelle il sert avec celui de la subdélégation.

Desdits

1. Décembre 1774.

41

Defdits deux regiſtres ainſi remplis & ſignés par le Commandant du régiment, le Major & le Commiſſaire des guerres; l'un reſtera entre les mains du Major, & l'autre ſera renvoyé par ledit Commiſſaire des guerres après l'aſſemblée à l'Intendant, qui le fera tranſcrire ſur celui qui lui ſera reſté entre les mains, & l'adreſſera enſuite au Secrétaire d'État ayant le département de la guerre, avec le procès-verbal de la compoſition du régiment.

14.

POUR mettre les Commiſſaires des guerres à portée de remplir les intentions de Sa Majeſté, & de former ces contrôles avec l'exactitude qu'Elle exige, les Intendans devront adreſſer auxdits Commiſſaires des guerres, quelques jours avant l'aſſemblée :

1.° L'état ſignalé des hommes de la dernière levée, qu'ils feront relever ſur les procès-verbaux deſdites levées, qui leur auront été remis par les Subdélégués.

2.° L'état ſignalé par compagnie, des hommes de la levée de 1769, dont les congés abſolus devront être expédiés à ladite aſſemblée, en faiſant mention de ceux qui ſeront tenus de continuer leur ſervice, conformément à l'article 6 du préſent titre.

3.° L'état par compagnie, des Soldats morts depuis la levée de 1769, avec la date de leur mort.

4.° Enfin, l'état des hommes engagés dans les troupes depuis l'aſſemblée des régimens Provinciaux en 1771.

15.

LE Commiſſaire des guerres dreſſera enſuite un état des Soldats qui auront été marqués dans le cas d'être réformés par le Commandant du régiment Provincial, qui ne pourront être renvoyés du quartier d'aſſemblée qu'après avoir été préſentés à l'Inſpecteur, qui en jugera & il ſera fait mention des cauſes de leur réforme: Il en dreſſera auſſi un de ceux qui ne ſe feront pas rendus au quartier d'aſſemblée, & un autre de ceux qui auront déſerté dudit quartier d'aſſemblée. Ces différens états devront être ſignés du Commandant du régiment,

L

du Major & du Commiſſaire des guerres; il en ſera fait quatre doubles, l'un deſquels ſera adreſſé au Secrétaire d'État ayant le département de la guerre, un autre à l'Intendant; il en ſera remis un au Major du régiment, & le Commiſſaire des guerres en conſervera un pour y avoir recours en cas de beſoin.

L'intention de Sa Majeſté eſt qu'il ſoit auſſi dreſſé par ledit Commiſſaire des guerres, un réſumé des différentes opérations ordonnées ci-deſſus, conformément au modèle *(N.° 4)* joint à la préſente Ordonnance, pour être adreſſé au Secrétaire d'État ayant le département de la guerre, & qu'il en ſoit remis un double à l'Intendant de la province.

16.

VEUT Sa Majeſté que pendant l'aſſemblée des régimens, il ſoit fait pluſieurs fois des revues d'appel par les Commiſſaires des guerres, leſquels feront mention dans leurs dernières revues, du temps pour lequel chaque régiment devra être payé, relativement à la durée des aſſemblées, & conformément à l'article premier du titre III de la préſente Ordonnance.

17.

L'INTENTION de Sa Majeſté eſt que l'on profite du temps de l'aſſemblée des régimens Provinciaux pour inſtruire & exercer les Officiers, bas Officiers & Soldats: Elle enjoint aux Colonels & Lieutenans-colonels, d'y tenir exactement la main, de veiller en même temps à ce qu'il ne ſoit fait aucun tort, ni mauvais traitement auxdits Soldats, & d'informer le Secrétaire d'État ayant le département de la guerre, de ce qui pourroit arriver de contraire à cet égard, aux volontés de Sa Majeſté, pour y être pourvu.

18.

SA MAJESTÉ voulant auſſi que tous les Officiers qui ſeront employés dans les régimens Provinciaux, ſoient inſtruits des manœuvres & évolutions preſcrites par ſes Ordonnances; ſon intention eſt qu'ils s'en occupent pendant l'intervalle d'une

1. Décembre 1774.

affemblée à l'autre, & que l'Infpecteur & le Commandant du régiment, après les avoir examinés particulièrement fur cet objet, informe le Secrétaire d'État de la guerre, des progrès qu'ils auront faits, ou du peu de zèle que quelques-uns pourroient marquer à cet égard, pour qu'il en foit rendu compte à Sa Majefté, qui ne veut conferver dans ces régimens, que ceux qui fe mettront en état, par leur application, d'y fervir avec diftinction.

L'intention de Sa Majefté eft au furplus, que les Colonels, Lieutenans-colonels, Majors & Aides-major des régimens de Grenadiers-royaux & des régimens Provinciaux, fe rendent, après l'affemblée de leur régiment, dans une garnifon à portée, ou telle qu'ils jugeront à propos de choifir, pour y refter pendant un mois, y affifter aux différens exercices des régimens d'Infanterie de ladite garnifon, & prendre connoiffance de tout ce qui eft relatif au fervice : Enjoint Sa Majefté aux Commandans pour fon fervice dans lefdites Places, de donner régulièrement avis au Secrétaire d'État ayant le département de la guerre, de l'arrivée & du départ defdits Officiers, afin qu'Elle foit informée de l'exécution de fa volonté à cet égard.

19.

LES Infpecteurs feront prêter ferment à tous les Soldats qui joindront pour la première fois le régiment; les drapeaux feront réunis à cet effet au centre du régiment: on battra un ban.

FORMULE DU SERMENT.

DE PAR LE ROI.

Soldats, levez la main.

Vous jurez & promettez que vous obéirez aux ordres de vos Officiers en tout ce qui concernera le fervice de Sa Majefté; que vous ne quitterez jamais la Troupe dont vous êtes; & que, voulant fervir le Roi avec honneur & fidélité, vous n'abandonnerez jamais vos drapeaux.

Après le ferment, on fermera le ban.

20.

LA bénédiction des drapeaux sera faite, lors de l'assemblée, dans les régimens qui n'auront pas encore satisfait à cette cérémonie.

21.

TOUS les Officiers nouvellement pourvus d'emploi dans les régimens Provinciaux, qui n'auront point servi en qualité d'Officiers, seront tenus de remplir successivement les fonctions de Soldat, Caporal, Sergent & Fourrier; l'intention de Sa Majesté étant qu'ils ne soient reçus à leurs emplois, que lorsqu'ils seront suffisamment instruits, & que les Colonels en auront rendu compte à l'Inspecteur : Voulant cependant bien Sa Majesté que ces nouveaux Officiers, commencent à jouir de leurs appointemens, du jour qu'ils se feront rendus au quartier d'assemblée, pour y occuper les emplois auxquels ils auront été nommés, quoiqu'ils n'y soient reçus que lorsque l'Inspecteur l'aura jugé convenable.

22.

LES Inspecteurs adresseront au Secrétaire d'État ayant le département de la guerre, l'extrait de la revue des régimens dont l'inspection leur aura été confiée; rendront compte de la tenue, de la discipline, de l'esprit de chaque Corps, de la qualité des hommes, de ceux qui auront été réformés, substitués, seront morts ou désertés depuis la dernière assemblée; de la manière dont le Corps est exercé, & de la situation de l'habillement, de l'équipement & de l'armement. Ils rendront compte enfin de la conduite, des mœurs & du degré d'instruction des Officiers.

23.

LORSQUE Sa Majesté jugera à propos de faire marcher les régimens de Grenadiers-royaux ou les régimens Provinciaux, pour se rendre dans des Places ou autres lieux qui leur feront désignés; son intention est que dans les lieux de la route où il se trouvera des Commissaires des guerres, il soit fait par eux des revues par appel desdits régimens qui y

passeront,

45

pafferont, fur les états dont les Commandans feront porteurs & qu'ils fe feront repréfenter. Ils drefferont l'extrait de leur revue en forme de procès - verbal, contenant le nom des Officiers préfens & abfens; ils y feront mention des Soldats qui, étant préfens au départ de la troupe, l'auront quittée en route; & ils expliqueront, à l'article des Officiers & Soldats, les caufes de leur abfence, dont ils demanderont compte aux Commandans. Ils adrefferont ces procès - verbaux au Secrétaire d'État ayant le département de la guerre, qui prendra les ordres de Sa Majefté fur la punition des Officiers & Soldats qui fe trouveront en faute.

24.

LES Commiffaires des guerres, avant le départ defdits régimens, auront attention de faire lecture aux Soldats, des différens articles de la préfente Ordonnance dont ils devront être particulièrement inftruits, pour qu'ils n'en prétendent caufe d'ignorance; & de faire vifiter par les Médecins ou Chirurgiens des hôpitaux de Sa Majefté, ou à leur défaut par ceux de la Place, ceux defdits Grenadiers ou Soldats-provinciaux qui feront foupçonnés de maladies vénériennes, ou attaqués du fcorbut. Ceux qui fe trouveront atteints defdites maladies, feront laiffés dans le lieu pour y être guéris; s'il fe trouve un hôpital où l'on traite ces maladies; ou autrement, fur l'état qui en fera envoyé au Secrétaire d'État ayant le département de la guerre, Sa Majefté fera expédier des ordres pour les faire paffer dans l'hôpital le plus prochain deftiné à la guérifon defdites maladies.

TITRE VIII.

Choix des Officiers.

ARTICLE PREMIER.

LES différens bataillons qui compofent un régiment Provincial, ne devant former qu'un feul & même Corps,

M

il convient que tous les Officiers roulent enfemble pour leur avancement : Entend à cet effet Sa Majefté que les Capitaines d'un même régiment, foient placés dans les bataillons, fuivant le rang de leur commiffion de Capitaine, & qu'ils arrivent par le même ordre du tableau aux compagnies de Grenadiers - provinciaux, & enfuite à celles de Grenadiers-royaux; & lorfque Sa Majefté jugera à propos de nommer des Lieutenans aux compagnies defdits régimens, ils fuivront entr'eux le même ordre d'ancienneté; mais en attendant qu'ils en foient pourvus, ils refteront toujours attachés à celles où ils fe trouveront placés, en qualité de Lieutenans. Les compagnies ne quitteront point auffi leurs Capitaines, & elles pafferont avec eux aux bataillons où ils feront appelés par leur rang d'ancienneté.

2.

Lorsqu'il vaquera quelque emploi dans les régimens de Grenadiers - royaux & régimens Provinciaux, il y fera pourvu fur les Mémoires qui feront adreffés à cet effet au Secrétaire d'État ayant le département de la guerre, par les Colonels defdits régimens Provinciaux ; fe réfervant néanmoins Sa Majefté d'en difpofer ainfi qu'Elle le jugera à propos.

3.

L'intention de Sa Majefté étant que les Officiers qui devront être employés dans lefdits régimens de Grenadiers-royaux & régimens Provinciaux, foient de la province, & réfident à portée des régimens où ils devront fervir, Elle veut que les Colonels defdits régimens Provinciaux ne puiffent propofer pour les emplois qui viendront à vaquer, que des fujets defdites provinces, & qui y feront domiciliés, & par préférence des Gentilshommes ou des fils d'Officiers.

4.

Sa Majesté voulant expliquer fes intentions fur le fort des Officiers des quatre bataillons qui feront fupprimés,

1.er Décembre 1774.

47

conformément aux dispositions de la présente Ordonnance, a réglé que les Officiers desdits quatre bataillons supprimés, qui se trouveront des provinces limitrophes, qui y seront domiciliés, ou qui se trouveront à portée desdites provinces dans lesquelles Sa Majesté auroit jugé à propos d'ordonner une augmentation de bataillons, soient par préférence employés dans lesdits bataillons d'augmentation, & que ceux qui ne se trouveront pas dans le cas de participer auxdits emplois, soient réformés; ayant égard pour ladite réforme, aux rangs qu'ils tiennent dans les régimens où ils servent actuellement, pour conserver, par préférence, les plus anciens de chaque grade des différens bataillons dont les régimens sont composés, & qu'il ne soit réformé que les moins anciens : Voulant au surplus Sa Majesté que lesdits Officiers réformés se retirent chez eux, pour être rappelés, par préférence, aux emplois qui viendront à vaquer dans les régimens des provinces d'où ils seront.

5.

VEUT bien permettre Sa Majesté aux Colonels des régimens Provinciaux actuellement existans, dans lesquels il se trouvera un bataillon d'augmentation, d'adresser au Secrétaire d'État ayant le département de la guerre, des Mémoires de propositions aux emplois desdits bataillons d'augmentation; se réservant cependant Sa Majesté d'en disposer ainsi qu'Elle le jugera convenable au bien de son service, & pour avoir égard aux dispositions de l'article précédent.

6.

L'INTENTION de Sa Majesté étant de n'employer dans lesdits régimens que des sujets dont le zèle & les talens seront connus, Elle se fera rendre compte de la conduite de ceux qui les composeront, & de leur exactitude à remplir leur devoir.

7.

LES Officiers des régimens de Grenadiers - royaux &

des régimens Provinciaux devant être de la même province que les bas Officiers, Grenadiers & Soldats defdits régimens, feront plus à portée de prendre connoiffance, pendant l'intervalle d'une affemblée à l'autre, de la conduite & de l'intelligence defdits bas Officiers & Soldats, pour les employer par la fuite utilement & proportionnément à leurs talens : Mais Sa Majefté déclare que, fi quelques-uns defdits Officiers vouloit profiter de ces circonftances pour exiger des bas Officiers, Grenadiers ou Soldats de leurs régimens, des corvées ou travaux particuliers, fous le prétexte de fubordination ou de leur procurer de l'avancement, fur les plaintes qui en feront portées au Secrétaire d'État ayant le département de la guerre, & dont Elle fe fera rendre un compte exact, Elle fera fur le champ caffer l'Officier, de quelque grade qu'il foit, qui fe fera rendu coupable d'un pareil abus.

TITRE IX.

Des Crimes & Délits militaires, & des Punitions contre les Déferteurs.

ARTICLE PREMIER.

SA MAJESTÉ voulant expliquer clairement fes intentions fur les différentes peines qui font prononcées contre les bas Officiers, Grenadiers, Fufiliers & Tambours des régimens de Grenadiers-royaux & des régimens Provinciaux qui fe rendront coupables du crime de défertion, a ordonné & ordonne ce qui fuit :

2.

TOUS garçons ou hommes veufs fans enfans, qui fe trouveront dans le cas de tirer au fort, & qui ne comparoîtront point devant les Intendans & Commiffaires chargés de la levée, au jour qui aura été indiqué pour tirer, feront contraints à fervir dix ans dans les régimens Provinciaux : Voulant à cet effet

effet Sa Majeſté que leſdits Intendans en tiennent des états exacts pour en faire la recherche, aux frais des communautés, & qu'il en ſoit remis une note au Commiſſaire des guerres qui aura la police du régiment, pour qu'il en ſoit fait mention ſur le contrôle.

3.

PERMET Sa Majeſté aux garçons ou hommes auxquels le ſort ſera échu, de faire la recherche de ceux qui n'auront point paru pour tirer au ſort, & de les indiquer au Commandant de la Maréchauſſée; ſon intention étant que, ſur la réquiſition deſdits garçons, ils ſoient arrêtés, & que leſdits hommes arrêtés ſervent l'eſpace de dix ans, comme il eſt expliqué ci-deſſus, s'ils ſont de taille & de tournure propres au ſervice, & que celui qui les aura fait arrêter, ne ſoit plus tenu à ſervir que trois ans au lieu de ſix; voulant Sa Majeſté que ſon congé abſolu lui ſoit exactement expédié après ledit temps de trois ans : Il ſera également fait mention ſur le contrôle du régiment des diſpoſitions réglées ci-deſſus.

4.

VEUT Sa Majeſté que tout homme qui aura ſubi le ſort, & qui ayant été préſenté & enregiſtré comme Soldat-provincial, manquera de ſe rendre au quartier d'aſſemblée au jour indiqué, à moins d'empêchement valable, qui devra être prouvé par un certificat ſigné du Maire, du Curé & de deux principaux habitans de ſa communauté, ſoit contraint de ſervir dix ans au-delà des ſix réglés pour le ſervice deſdits régimens Provinciaux; ce qui ſera conſtaté par un Conſeil de guerre.

5.

LES bas Officiers, Grenadiers, Fuſiliers & Tambours des régimens de Grenadiers-royaux & des régimens Provinciaux, ne pourront s'abſenter, ſans congé, deſdits régimens, lorſqu'ils ſeront aſſemblés, ſoit dans les quartiers, ſoit dans les garniſons, ou pendant la route que leſdits régimens auroient à faire pour s'y rendre, à peine d'être pourſuivis & condamnés aux galères perpétuelles : Veut à cet effet Sa Majeſté qu'il en foit dreffé fur le champ par le Commandant du régiment un procès-verbal contenant le fignalement defdits bas Officiers, Grenadiers, Fufiliers & Tambours, & le lieu d'où ils auront déferté, pour, fur la repréfentation dudit procès-verbal, figné dudit Commandant & de deux Sergens ou Soldats qui auront connoiffance de la défertion, & fur la plainte de l'Officier-major, être tenu un Confeil de guerre pour juger dans la forme ordinaire, & condamner à ladite peine des galères, ceux defdits Soldats qui auront été arrêtés; & ceux qui n'auront pu l'être, feront jugés par contumace : Les jugemens des uns & des autres feront envoyés au Secrétaire d'État ayant le département de la guerre, pour être affichés, fur les ordres qu'il en adreffera aux Prevôts des Maréchauffées, dans la Place ou lieu principal des paroiffes pour lefquelles lefdits Soldats devoient fervir.

6.

Sa Majesté voulant que tous les Soldats des régimens Provinciaux, qui s'engageront dans fes Troupes, foient rendus exactement auxdits régimens Provinciaux, ordonne qu'ils foient renvoyés fur le champ dans leurs paroiffes, aux frais des Officiers ou Recruteurs qui leur auront fait contracter des engagemens ; & que lefdits Soldats-provinciaux foient contraints de fervir, dans lefdits régimens Provinciaux, dix ans au-delà du terme de fix ans réglé pour leur fervice; il fera tenu à cet effet un Confeil de guerre. Sa Majefté fe fera d'ailleurs rendre compte des circonftances defdits engagamens, pour connoître fi les Officiers ou Recruteurs ont eu connoiffance de l'état defdits Soldats-provinciaux, & les faire punir fuivant l'exigence des cas.

7.

Si quelque Soldat-provincial, après s'être engagé une première fois & avoir été renvoyé dans fa paroiffe, venoit à contracter un nouvel engagement dans les Troupes, Sa Majefté veut qu'il foit arrêté & condamné comme déferteur, aux galères perpétuelles, fuivant les difpofitions de l'article 5 du préfent titre.

51

8.

VEUT Sa Majesté que tout Soldat-provincial qui s'étant engagé dans ses Troupes, en déserteroit, sans retourner dans sa paroisse pour y servir suivant ce qui est réglé par l'article 7 du présent titre, soit poursuivi & jugé comme déserteur de ses Troupes, suivant la rigueur des Ordonnances, par le régiment d'où il aura déserté.

9.

TOUS les bas Officiers, Grenadiers, Fusiliers & Tambours des régimens de Grenadiers-royaux & des régimens Provinciaux, seront d'ailleurs assujettis aux dispositions de l'Ordonnance du 1.er juillet 1727, concernant les crimes & délits militaires : Ordonne Sa Majesté aux Commissaires des guerres qui auront la police desdits régimens, de faire lecture auxdits Soldats de ladite Ordonnance & des différens articles du présent titre qui seront publiés & affichés, à ce qu'aucun n'en prétende cause d'ignorance.

10.

SA MAJESTÉ voulant que la subordination qui est établie dans ses Troupes, soit observée dans tous les temps, a réglé que, si pendant l'intervalle d'une assemblée à l'autre, quelques bas Officiers, Grenadiers ou Soldats desdits régimens Provinciaux manquoient essentiellement à un Officier, ou un Grenadier ou Soldat à un bas Officier, il en sera rendu compte sur le champ au Secrétaire d'État ayant le département de la guerre, afin de juger de la punition qu'ils auront méritée.

TITRE X.

Priviléges & Avantages accordés aux Soldats-provinciaux.

ARTICLE PREMIER.

SA MAJESTÉ voulant bien faire participer les Fourriers, Sergens, Caporaux, Appointés, Grenadiers, Fusiliers & Tambours des régimens de Grenadiers - royaux & des régimens Provinciaux, aux avantages qu'Elle a accordés par son Ordonnance du 16 avril 1771, aux bas Officiers, Cavaliers, Dragons & Soldats de ses Troupes, proportionnément au temps du service desdits Soldats-provinciaux, Elle a réglé ce qui suit.

2.

TOUT bas Officier, Grenadier, Fusilier & Tambour des régimens de Grenadiers-royaux & des régimens Provinciaux, qui, s'étant substitué à un autre, suivant les dispositions de l'article 9 du titre VI de la présente Ordonnance, aura fini deux termes de six ans de service dans le même régiment, & qui se substituera de nouveau pour continuer un troisième terme de service de six ans, recevra un sou par jour pendant toute la durée des troisième & quatrième termes de son service.

3.

CEUX qui ayant servi vingt-quatre ans dans le même régiment, desireront y continuer leurs services pour parvenir à la vétérance, pourront se substituer pour un cinquième terme de six ans; & en commençant ledit cinquième terme, ils jouiront de deux sous par jour de haute-paye pendant la durée dudit terme de six ans.

4.

CEUX qui ayant rempli consécutivement cinq termes de service dans le même régiment, auront acquis la vétérance, & desireront néanmoins continuer leurs services, pourront chaque année, sans se substituer, contracter un nouvel engagement pour un an seulement; & indépendamment de la solde attribuée aux grades auxquels ils seront parvenus, ils jouiront, pendant tout le temps qu'ils resteront au régiment, d'une haute-paye, qui sera de quatre sous par jour pour les Fourriers & Sergens, & de trois sous pour ceux qui seront dans les grades inférieurs.

5. SA

1. Decembre 1774.

53

5.

SA MAJESTÉ donnera ses ordres pour faire remettre les fonds nécessaires au payement desdites hautes-payes, voulant que le décompte en soit fait à chaque bas Officier, Grenadier & Soldat, lors de l'assemblée desdits régimens : Et lorsque Sa Majesté jugera à propos de les faire rendre dans des Places, ledit décompte sera fait tous les mois à ceux qui seront présens sous les armes. A l'égard de ceux qui seroient malades ou absens par congé, le compte leur en sera fait pour le temps de leur absence, aussitôt qu'ils auront rejoint le régiment ; l'intention de Sa Majesté étant que ceux qui auront acquis ces hautes-payes, en jouissent en tout temps, même en route, indépendamment de l'étape, & n'en puissent être privés que dans le cas où, sans cause légitime, ils ne rejoindroient pas, soit à l'assemblée, soit à l'expiration des congés limités qui leur seront accordés : Voulant Sa Majesté que, dans ce cas seulement, la retenue desdites hautes-payes leur soit faite pour tout le temps de leur absence.

6.

POUR faciliter le décompte de ces hautes-payes, le Major ou l'Officier chargé du détail, tiendra un état des hommes de chaque classe, présens, qui seront dans le cas de jouir des hautes-payes, lequel état sera signé par le Commandant du régiment & le Major, & visé du Commissaire des guerres qui en aura la police, lesquels seront responsables de son exactitude : ledit état sera fait double & remis à l'Inspecteur, pour être vérifié & approuvé ; il sera joint à la revue qu'il doit adresser au Secrétaire d'État ayant le département de la guerre.

7.

SA MAJESTÉ voulant aussi accorder aux anciens bas Officiers, Grenadiers & Soldats des régimens de Grenadiers-royaux & des régimens Provinciaux, les mêmes marques distinctives qu'Elle a établies pour les anciens Soldats de ses autres Troupes, Elle a ordonné que tout homme desdits

O

régimens qui aura fervi douze ans, & qui, s'étant fubftitué dans le même régiment, aura paffé dans la feconde claffe, portera fur le bras gauche un chevron en laine bleue; & que celui qui, après avoir fervi vingt-quatre ans, fe fera fubftitué dans le même régiment pour paffer dans la troifième claffe, portera deux chevrons au-deffus l'un de l'autre fur le même bras.

8.

A l'égard des Vétérans, l'intention de Sa Majefté eft qu'ils foient diftingués par deux épées en fautoir, appliquées en laine de couleur rouge, fur le côté gauche de l'habit; & que, lorfqu'ils fe retireront, foit aux Invalides, foit chez eux, pour y jouir de leur folde entière, ils continuent de porter toute leur vie cette marque diftinctive.

9.

SA MAJESTÉ voulant bien que ceux qui auront fervi précédemment, puiffent participer aux avantages accordés par la préfente Ordonnance, a réglé que les Grenadiers de France qui ont été incorporés dans les régimens Provinciaux, à leur formation, foient admis dès-à-préfent à la haute-paye réglée ci-deffus, s'ils ont les fervices requis.

10.

LES bas Officiers, Grenadiers & Soldats defdits régimens, qui continueront de fervir, feront admis à l'Hôtel royal des Invalides, comme les Soldats des autres Troupes, lorfqu'après le terme prefcrit par le règlement dudit Hôtel, ils fe trouveront hors d'état de continuer leurs fervices, lefquels feront vérifiés & conftatés par l'Infpecteur qui joindra à fa revue les mémoires defdits bas Officiers, Grenadiers & Soldats qui feront dans le cas d'être reçus audit Hôtel, pour être adreffés au Secrétaire d'État ayant le département de la guerre.

11.

INDÉPENDAMMENT des avantages réglés par la préfente Ordonnance, veut Sa Majefté que les Soldats des régimens

1.ᵉ Decembre 1774

55

Provinciaux qui se trouveront avoir servi six années, jouissent de l'exemption de taille pendant un an; que ceux desdits Soldats-provinciaux qui se marieront dans le cours de ladite année, aient ce privilége pendant deux années de plus; laquelle exemption aura lieu pour la taille, tant industrielle que personnelle, pour leurs biens propres & pour ceux qui leur viendroient du chef de leur femme; & dans le cas où ils prendroient, pendant ledit temps, des fermes ou exploitations étrangères, ils jouiront, pendant une année de plus, de l'exemption de taille, ainsi qu'il est expliqué ci-dessus: Et attendu que ladite exemption pourroit souffrir difficulté dans les provinces où la taille est réelle, ordonne Sa Majesté que les Soldats-provinciaux desdites provinces qui seront imposés à la taille, pour raison de leurs biens propres & ceux de leur femme, ne puissent être compris, pendant le temps ci-dessus réglé, dans les rôles des impositions extraordinaires qui se répartissent au marc la livre de la taille: N'entendant point au surplus Sa Majesté comprendre, pour jouir des priviléges & exemptions ci-dessus, les hommes qui se feront substitués pour servir à la place de ceux à qui le sort sera échu.

Sa Majesté veut bien régler cependant que tout Soldat-provincial qui, après avoir fini un premier terme de six ans, se substituera à un autre pour continuer ses services, devra alors jouir desdits priviléges, prérogatives & exemptions accordés par la présente Ordonnance.

Veut pareillement Sa Majesté, que pendant tout le temps que les Soldats-provinciaux serviront, ils soient exempts de Capitation & de la Collecte; bien entendu qu'ils ne feront valoir que leurs biens propres.

Les Soldats-provinciaux qui, après avoir fini le terme de leur service dans les régimens Provinciaux, contracteront des engagemens dans les Troupes, jouiront, lorsqu'ils auront obtenu leur congé absolu, de la même exemption de taille & d'imposition ci-dessus accordée.

I 2.

IL sera délivré par les Intendans, des Ordonnances

imprimées à tous ceux desdits Soldats-provinciaux qui seront dans le cas de jouir des exemptions ci-dessus expliquées. Ces Ordonnances ne pourront valoir qu'après qu'elles auront été également signées par les Officiers des villes & communautés, auxquels lesdits Soldats seront tenus de les représenter au moment qu'ils y seront arrivés; & dans la quinzaine au plus tard, du jour de la date que l'Intendant y aura mise, elles seront enregistrées *gratis* aux greffes des villes & communautés. Les Soldats-provinciaux qui ne se trouveront point porteurs desdites Ordonnances, ou qui ne seront pas en état de les représenter ou d'en justifier, devant être privés des exemptions & autres avantages à eux accordés.

13.

L'INTENTION de Sa Majesté est qu'il soit accordé des permissions de se marier à tous les bas Officiers, Grenadiers & Soldats des régimens de Grenadiers-royaux ou des régimens Provinciaux qui les demanderont, en prenant toutefois connoissance des circonstances où ils se trouveront.

14.

LES bas Officiers, Grenadiers & Soldats desdits régimens, auront la liberté d'aller travailler où ils voudront pendant que leurs régimens ne seront pas assemblés; à la charge de se représenter toutes les fois que Sa Majesté jugera convenable au bien de son service d'indiquer une nouvelle assemblée; à l'effet de quoi ils seront tenus de déclarer l'endroit où ils voudront aller, aux Maire, Échevins, Consuls, Syndics ou Marguilliers de leur paroisse, qui leur en délivreront une permission par écrit, laquelle leur servira de passeport dans les différens lieux du royaume qu'ils auront à traverser. Lesdits Soldats seront également tenus d'informer lesdits Maire & Échevins des lieux où ils se rendront, s'ils changent leur première destination, pour en obtenir un nouveau passeport. Ordonne Sa Majesté auxdits Maire & Échevins d'envoyer aux Subdélégués un état des Soldats auxquels ils auront accordé lesdites permissions, pour que lesdits Subdélégués

puissent

1.*Décembre 1774.*

57

puiſſent les faire paſſer aux Intendans, qui en tiendront des états pour y avoir recours au beſoin.

1 5.

VEUT Sa Majeſté que la préſente Ordonnance ſoit ponctuellement & exactement ſuivie; dérogeant à cet effet à toutes Ordonnances, Édits, Déclarations, Arrêts & Déciſions précédemment rendus, concernant les Milices ou les régimens de Grenadiers-royaux & provinciaux, en tout ce qui ſe trouvera contraire à la préſente.

MANDE & ordonne Sa Majeſté aux Gouverneurs & ſes Lieutenans généraux en ſes provinces, aux Inſpecteurs généraux de ſes troupes d'Infanterie, au Lieutenant général de Police de la ville de Paris, pour ce qui concerne le régiment de ladite ville, aux Intendans des provinces du royaume, de s'employer, chacun à leur égard, à l'exacte obſervation de la préſente Ordonnance: Ordonne auſſi Sa Majeſté aux Gouverneurs & Commandans de ſes villes & places, aux Commiſſaires des guerres, & à tous Baillis, Sénéchaux, Prevôts, Juges, leurs Lieutenans & autres ſes Officiers qu'il appartiendra, de tenir la main à ladite exécution.

FAIT à Verſailles le premier Décembre mil ſept cent ſoixante-quatorze. *Signé* LOUIS. *Et plus bas,* DE FELIX DU MUY.

P

GÉNÉRALITÉ d

PAROISSE D

N.° 1.

SUBDÉLÉGATION D

CERTIFICAT pour constater
l'admission d'un Soldat
dans les Troupes provinciales.

NOUS soussignés, certifions qu'aujourd'hui   dans l'assemblée qui
a été faite des garçons de la paroisse d   subdélégation d   afin
de tirer au sort pour les Troupes provinciales, le billet noir est échu au nommé
                         fils de   natif de
en la province de   juridiction de   âgé de   ans,
de la taille de   cheveux

Et qu'en conséquence il doit y servir pendant six années entières & consécutives, à l'expiration
desquelles son congé absolu lui sera expédié pour se retirer où bon lui semblera, & jouir des
avantages accordés aux Soldats-provinciaux qui ont servi avec honneur & fidélité. FAIT
à   le   jour du mois d   mil sept cent soixante-

Nota. Ce certificat doit être signé du Commissaire à la levée & du Syndic de la paroisse pour laquelle l'homme doit servir.
Chaque personne qui signera ajoutera sa qualité à sa signature.

N.º 2.

GÉNÉRALITÉ D

Subdélégation d

Paroisse d

L'AN *mil sept cent soixante-*
le   *jour du mois d*
NOUS

Subdélégué de   *Commissaire nommé pour,*
en exécution de l'Ordonnance du Roi du   *& des ordres*
à nous adressés par M.   *Intendant en ladite généralité,*
procéder à la levée d   *Soldats-provinciaux,*
par la voie du fort, entre les Garçons & Hommes veufs sans enfans, de la
paroisse d   *nous les avons fait assembler*
à   *où les Maire, Échevins, Syndics, Marguilliers,*
nous ont remis l'état général desdits Garçons ou Hommes veufs sans enfans,
certifié d'eux & contenant leur âge, leur taille & leur vacation, & en avons
fait l'appel pour reconnoître si tous étoient présens ; & sur ce que les nommés

quoiqu'appelés à différentes fois n'ont pas comparu, nous les avons déclarés
fuyards, & comme tels Soldats-provinciaux de droit, pour servir conform-
mément à l'article 3 du titre IX de l'Ordonnance du Roi, du premier décembre
1774.
 Après l'appel fait des présens, nous avons trouvé que le nombre s'est monté
à cent cinquante hommes.
 Et ayant procédé ensuite à l'examen de ceux qui se sont prétendus exempts
de tirer, soit en vertu des priviléges accordés par le Titre V de ladite
Ordonnance, soit par des infirmités ou défaut de taille, nous avons trouvé
dans le cas d'être renvoyés :

S A V O I R.

Par exemption .... 22.
Par infirmités.................................. 20.
Par défaut de taille........................... 28.
T O T A L.................... 70.

Qui ont été renvoyés sur le champ dans leur paroisse ; au moyen de quoi il n'est resté, pour tirer au sort, que quatre-vingts Garçons ou Hommes veufs sans enfans, dont nous avons dressé un état particulier ; dans l'ordre duquel ils ont été appelés pour tirer.

Et le sort est échu

au nommé

Mettre ici son signalement

& au nommé

Lesquels nous avons déclarés Soldats-provinciaux pour servir à la décharge d   dite   paroisse d   pendant   années dans le régiment Provincial d

Et du tout avons dressé notre présent procès-verbal, dont il a été fait trois expéditions, ainsi que des états particuliers des Hommes reconnus propres à tirer, de ceux qui n'ont point été admis au tirage par exemption, infirmités ou défaut de taille : l'un, pour être adressé au Secrétaire d'État ayant le département de la guerre ; le second pour être remis à M. l'Intendant ; & le troisième sera déposé au greffe de la subdélégation.

FAIT & arrêté par nous Commissaire à la levée, les jour, mois & an que dessus, en présence des soussignés.

Nota. Chaque personne qui signera, ajoutera sa qualité à sa signature.
Ce procès-verbal est fait en supposition de nombre.

RÉGIMENT PROVINCIAL
d

GÉNÉRALITÉ d
SUBDÉLÉGATION d

N.° 3.

Approuvé par nous

chargé de l'infpection dudit régiment.

CONGÉ ABSOLU
pour fubftitution.

Nous fouffignés, certifions à tous ceux qu'il appartiendra, avoir donné congé abfolu au
nommé   Soldat-provincial de la levée de 177 ,
pour la paroiffe d   fubdélégation d   élection d
compagnie d   au régiment Provincial d   natif d
en la province d   âgé de   ans, taille de
vacation de   cheveux

lequel a remis à la Caiffe dudit régiment, la fomme de Cent livres, pour être employée au payement
de l'engagement d'un homme pour fervir à fa place: Et conformément à l'article 1 0 du titre VI
de l'Ordonnance du Roi du 1.er décembre 1774, nous avons admis au lieu & place dudit
le nommé   natif de la paroiffe d
fubdélégation d   élection d   en la province d
âgé de   ans, taille de   vacation d
cheveux

auquel il a été remis ladite fomme de Cent livres, au moyen de laquelle il a contracté un
engagement pour fervir pendant fix années entières & confécutives, à l'expiration defquelles il
lui fera expédié un congé abfolu. FAIT à   le   jour du mois
d   mil fept cent

Vu par nous COMMANDANT
dudit régiment.

Vifé par nous COMMISSAIRE des guerres,

Certifié par nous MAJOR
dudit régiment.

1. Decembre 1774.

ASSEMBLÉE de 177
indiquée à
le   du mois d

Nota. Cet État eft fait en
fuppofition de nombre.

N.º 4.

RÉGIMENT PROVINCIAL D
compofé d   *Bataillons.*

CE Régiment lors de fa féparation, après l'Affemblée
de 177 , étoit compofé de . . . . 644 Hommes,

SURNUMÉRAIRES renvoyés au commencement de
l'Affemblée de 177 , & qui fe font repréfentés
à celle - ci . . . . 42.

LEVÉE de 177 . . . . 296.

TOTAL . . . . 982 { dont 12 Grenadiers de France.

VIDE de l'année, & Opération de la Revue de 177

	Grenadiers de France.	DES LEVÉES DE				
		1766.	1767.	1768.	1769.	1775.
Morts.	. . . .	1	4	7	1	2	
Défertés.	. . . .	2	3	8	1		
Abfens.	. . . .	2	1	7	2	20	
Condamnés aux Galères . . .	. . . .	. . . .	2	1			
Remis à la Juftice ordinaire.	. . . .	. . . .	1				
Réformés.	. . . .	1		1	2	30	
Congés d'ancienneté.	2	. . . .	2	10	259		
	2.	6.	13.	34.	265.	52.

372.

Ce Régiment eft refté, après l'Affemblée de 1775, compofé de . . . 610 hommes.

SAVOIR:

12 Hommes de la levée de 1766, dont quatre rentrés en 1773, pour y fervir
deux années de plus, & huit pendant dix ans.

12 de la levée de 1767, qui doivent fervir dix années de plus.

16 de la levée de 1768, *idem.*

300 de celle de 1769, à congédier en 1775.

260 de celle de 1775, à congédier en 1781.

10 Grenadiers de France.

610 hommes.

RÉGIMENT PROVINCIAL

d

GÉNÉRALITÉ d
SUBDÉLÉGATION d

Approuvé par nous

chargé de l'inspection dudit régiment.

CONGÉ
jusqu'à la prochaine Assemblée.

NOUS soussignés, certifions à tous ceux qu'il appartiendra, avoir permis au
nommé   Soldat-provincial de la levée de 177
pour la paroisse d   subdélégation d   élection d
Compagnie d   au Régiment provincial d   natif
d   en la province d   âgé de   ans, taille
de   vacation d   cheveux

de se retirer dans sa Paroisse, & d'aller travailler où bon lui semblera ; à la charge de
se présenter à la prochaine assemblée, à l'effet de quoi il sera tenu de déclarer l'endroit
où il voudra aller, aux Maire, Échevins, Consuls, Syndic ou Marguilliers de sa
paroisse, qui lui délivreront une permission par écrit, laquelle lui servira de passeport
pour le royaume seulement. FAIT à   le
jour du mois d   mil sept cent soixante-

Vu par nous COMMANDANT   Visé par nous COMMISSAIRE des guerres.   Certifié par nous MAIOR
dudit régiment.

1. Decembre 1774.

RÉGIMENT PROVINCIAL
d

GÉNÉRALITÉ d
SUBDÉLÉGATION d

Approuvé par nous

chargé de l'inspection dudit régiment.

CONGÉ DE RÉFORME.

Nous soussignés, certifions à tous ceux qu'il appartiendra, avoir donné
Congé absolu par réforme au nommé   Soldat-provincial
de la levée de 177   pour la paroisse d   subdélégation
d   élection d   compagnie d   au
régiment Provincial d   natif d   en la province
d   âgé de   ans, taille de
vacation d   cheveux

lequel a été reconnu hors d'état de porter les armes, à cause d

FAIT à   le   jour du mois d   mil
sept cent soixante-

Vu par nous COMMANDANT   Visé par nous COMMISSAIRE des guerres.   Certifié par nous MAIOR
dudit régiment.

RÉGIMENT PROVINCIAL
d

GÉNÉRALITÉ d
SUBDÉLÉGATION d

CONGÉ ABSOLU.

Approuvé par nous

chargé de l'infpection dudit régiment.

Nous fouffignés, certifions à tous ceux qu'il appartiendra, avoir donné
Congé abfolu au nommé   Soldat-provincial de la
levée de 177   pour la paroiffe d   fubdélégation
d   élection d   compagnie d   au
régiment Provincial d   natif d   en la province
d   taille de   vacation de
cheveux

dont le temps de fervice eft expiré cette année; & qu'en conféquence
il doit jouir des exemptions à lui accordées par l'Ordonnance du Roi
du 1.er décembre 1774. FAIT à   le
jour du mois d   mil fept cent foixante-

Vu par nous COMMANDANT   Vifé par nous COMMISSAIRE des guerres.   Certifié par nous MAJOR
dudit régiment.   dudit régiment.